U0562760

"申光计划"丛书

流 金 年 代

龚浩成 传

"申光计划"丛书编委会　编

范永进　沈惠民　主编

黄沂海　撰稿

上海人民出版社　　学林出版社

流金岁代
聚浩成传

王景舟题

编委会名单

主　任　　王荣华　　范永进

编　　委　（按姓氏笔画为序）

王　伟　　王明复　　王荣华

兰保民　　权　衡　　沈惠民

张宏莲　　范永进　　郑崇选

洪民荣　　高开云　　黄　音

黄　强　　曹小夏　　蒋立明

温泽远　　熊月之　　薛　飞

总　序

　　时间如河水般缓缓流淌，每件小事、每个人都成为一颗砂砾，悠然静置在这条河流之底。历史，就是这种沉淀，这种聚积。为了勾连过去与现在，为了留住流逝的瞬间，为了记录那些杰出人物的不平凡事迹，我们需要一部部充满生活质感、紧贴时代脉络的纪实作品。正是出于这样的目标和信念，上海市教育发展基金会与上海工商界爱国建设特种基金会（简称"爱建特种基金会"）共同倾力打造的"申光计划"应运而生。

　　上海是我国改革开放排头兵、创新发展先行者，在各条战线涌现出一批为经济社会发展做出过突出贡献的杰出人才，创造了一批极具时代特色的先进思想、先进理念和先进举措，也积累了一批亟待抢救、挖掘、整理的宝贵精神财富。"申光计划"中的"申"代表上海；"光"是在上海经济、社会、金融、文化、生态及城市建设等领域做出过重要贡献，留下光芒及照亮未来的意思。随着岁月流逝，部分在改革开放中做出过杰出贡献的精英人士已逐渐步入老龄和高龄。"申光计划"通过资助形式，支持符合要求的专家学者围绕即将湮没在历史中的珍贵史料开展抢救工作，留住历史，铭记为上海经济社会做出特殊贡献的各界英才；存史资政，为后来者留下可供借鉴的经验。

上海市教育发展基金会与爱建特种基金会共同发起"申光计划"，不但有助于推动上海市公共事业的发展，更有助于记录和传承上海历史。

"申光计划"丛书首批推出的四种书分别是：《从草根教师到人民教育家——于漪传》《大爱交响——曹鹏传》《流金年代——龚浩成传》《岁月感悟——朱荣林随笔》。

《从草根教师到人民教育家——于漪传》讲述了于漪从草根教师到人民教育家的一生经历。全书以时间线叙述了于漪从经历战乱、流离却仍心系家国的少年长成社会主义基础教育教师典范的故事。

什么是教育？教育是"人之完成"，使学生从一个自然人培养成为一个社会合格公民。桃李不言，下自成蹊。在叩问语文之"门"的道路上，于漪始终坚持教文育人的教学理念，如若一位君子，不仅以其充盈的生命力向学生传道解惑，也用她至真至诚之心关爱他人，心系国家的发展。从一线教师到人民教育家，以教育自信创建自信的教育，于漪将她的教育理念融入毕生事业中，躬耕基础教育事业七十余载，对于学生，真正做到有教无类的悉心浇灌。

于漪是上海教育更是中国教育的一张名片，《从草根教师到人民教育家——于漪传》通过对于漪人生与事业的叙述，在字里行间展示出这位人民教育家的优秀风采及高贵品格，从而揭示于漪及其理念对中国教育的启发与意义。

《大爱交响——曹鹏传》是著名音乐家、指挥家曹鹏的个人传记。全书分为五部分,按时间线索叙述了曹鹏从江南少年长成音乐大家的故事。全书完整地展现了音乐家曹鹏的人生经历,更从其经历出发,梳理出一段波澜壮阔的历史,也蕴含了近代以来中国音乐文化的发展轨迹。

曹鹏是上海文化艺术界、教育界名副其实的先行者和示范者之一,也是广大艺术家和教育工作者的人生楷模和行动榜样之一。曹鹏对于音乐教育事业和青少年健康成长进行了长期努力,做出了重要贡献,并赢得社会的广泛赞誉。当他至耄耋之年,仍亲执指挥棒,既普及高雅艺术,又用音乐拥抱"星星的孩子"。大音希声,大爱化人,《大爱交响——曹鹏传》作为曹鹏的个人传记,在传播音乐文化、传递上海城市精神方面,有积极的意义,也是提倡公益精神、提升城市文化实力的重要借鉴。

《流金年代——龚浩成传》讲述了著名经济学家、金融学家龚浩成的人生经历。龚浩成曾任上海财经大学校长、中国人民银行上海市分行行长,是上海证券交易所创始人之一、第二届理事会理事长,上海浦东国际金融学会名誉会长。

龚浩成终生致力于上海乃至全国的金融改革创新,该书从第三人称角度,"场景式"再现了由龚浩成参与的一系列金融改革的重大决策过程,披露了很多鲜为人知的金融改革往事,对上海银行业改革、上海资本市场创设、上海金融对外开放、上海金融服务环境建设等进行了详细回顾，正是这些创新为上海建成国际金融中心奠定了最初的基础和框架。

《岁月感悟——朱荣林随笔》是作家、教授朱荣林的随笔集。全书分为"初心与责任""交流与探索""文化与传承""发展与协调"四章，收录了朱荣林在不同时期，围绕政治、经济、社会、文化等不同主题所撰写的文章，书中饱含他对国家、对家乡深厚的眷恋热爱之情。

"申光计划"丛书首批书目通过研究并整理出版于漪、曹鹏、龚浩成、朱荣林的个人传记或自选作品，让大众了解20世纪八九十年代以来中国教育、音乐、金融、经济等领域发展的新兴面貌，对于记录上海的历史、上海的城市精神品格有重要意义。

文化是国家软实力的重要体现，中华优秀传统文化更是中国深厚的文化软实力，也是中国特色社会主义植根的文化沃土。2018年首届进博会，习近平主席在开幕式主旨演讲中以"开放、创新、包容"为上海城市品格定义；2019年，上海市委审议通过《中共上海市委关于厚植城市精神彰显城市品格全面提升上海城市软实力的意见》，指出要用好用足上海红色文化、海派文化、江南文化的丰富资源，全面打响"上海文化"品牌，加快建成国际文化大都市，厚植城市精神，彰显城市品格，全面提升上海城市软实力。

上海的发展成就正吸引着全世界的目光，这都是历代上海人民的智慧和努力的结果。如于漪、曹鹏、龚浩成、朱荣林等人，他们的事迹和精神将成为后人奋力前进的永恒动力。"申光计划"丛书的出版，正是一项弘扬上海城市精神、传承优秀海派文化的事业。通过丛书出版，以文会友,以德聚才,以史鉴今,凝炼精神。

"申光计划"丛书由上海人民出版社与学林出版社共同出版,既是致力于文化学术专著出版的重要实践,也是文化思想的薪火承扬。时代变迁,文化发展需继之往者,开之来者。相信在各方共同努力下,"申光计划"能够推出一批高质量的精神文化产品,传播上海声音,讲好上海故事。

"申光计划"丛书具备以下四个特点:

第一,传承性。

"申光计划"丛书的传承性是指在讲述人物故事、记录历史事件、展现城市形象的过程中注重文化的传承、精神的传扬、大爱的传递,以平凡人的不平凡故事感染人,以典型人物的榜样力量鼓舞人,让这种"光"和"热"闪耀在浦江两岸,照亮更多平凡人的前行之路,激励一代代年轻人传承发扬、接续奋斗。

第二,真实性。

"申光计划"丛书的真实性体现在丛书从选题到内容,对上海市历史、文化发展的翔实记录上。丛书注重对原始资料的收集和整理,以确保所提供的信息的真实性和准确性。关于"申光计划"丛书,所有的研究、写作、编辑和出版工作都在严谨的学术态度和专业的工作方法指导下进行,确保了丛书的整体学术水平和研究价值。

"申光计划"丛书不仅诠释宏大的时代命题,更通过挖掘那些鲜为人知但鲜活生动的史料,让读者能够更真实、全面地了解人物、了解时代发展与城市变迁。

第三，多元性。

"申光计划"丛书的多元性在于时代感与历史感的结合。丛书所反映的内容有时代的宽度、历史的厚度、精神的高度，因此，在内容选择和撰写过程中，丛书注重由不同行业领域、不同年代故事、不同层次人物来铺陈和堆积，这样才能完整反映出上海改革开放乃至更长时期的这段波澜壮阔的历史。

"申光计划"丛书编委会由一批具有丰富研究经验和学术造诣的学者组成，他们来自不同的学科背景，包括文学、历史、哲学、社会学等。这种跨学科的组合使得丛书在内容和观点的表达上更加多元化和全面化。

第四，创新性。

"申光计划"丛书的创新性不仅在于选题的关注点，而且在于对于上海在重要历史时期和重大转折关头的故事的独特解读和表达方式。

这些故事不仅仅是当事人的难忘经历，更是上海这座城市的难忘时光。丛书不仅仅是简单地复述历史事件和人物经历，而是通过深入研究和分析，从不同的角度和维度，关注一些在传统历史叙述中可能被忽略或较少关注的主题，如普通市民的生活经历、社会底层的命运等。通过主要人物叙述中的微小故事，展现整个时代的风貌，这种内容上的创新性使得读者可以通过丛书获得新的历史认知和思考方式。

"申光计划"丛书的创新性还体现在其表达方式上。丛书通过采用多种文学风格和写作手法，如传记、散文等，来讲述故事和传达观点。这种多样化的表达方式使得读者可以获得更加丰富和立体的阅读体验，并吸引更多读者的关注和参与。

"申光计划"丛书首批作品已经出版发行，今后，"申光计划"将有步骤地每年推出一批经典作品，形成传统，形成品牌，成就力量。希望"申光计划"丛书能够让所有读者感受到历史的韵味和人性的光辉，让这些被遗忘和边缘化的故事重新回到人们的记忆中，成为人们思考和感悟的源泉。

"申光计划"丛书编委会

2023年7月

目　录

第一篇章

新硎初试，谋篇布局：上海银行业制度改革的先行者

第二篇章

筚路蓝缕，以启山林：上海证券市场筹建的开创者

第三篇章

不破不立，破而后立：上海金融业对外开放的推动者

第四篇章

为者常成，行者常至：金融创新与环境养成的规划者

序　章

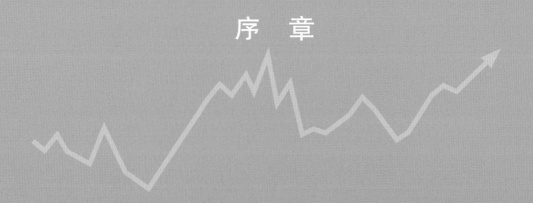

　　我一辈子都在搞金融，没有转过行，我曾经教书，教的是金融课程，曾经搞研究工作，也是涉及金融领域。我这辈子有过四个"十年"，十年教书、十年研究、十年下乡、十年金融，但我最有成就感的十年还是58岁到中国人民银行报到直至68岁的这十年。

龚浩成

繁华大上海，浩荡黄浦江。上海的母亲河黄浦江宛如一条绚丽多彩的丝带，蜿蜒穿过繁华的城市心脏，汇入滔滔长江，奔向茫茫东海。"日出江花红胜火"，自改革开放大幕开启，浦江两岸便絮絮诉说着申城金融业跨时空的对话，而今上海乃至中国金融行业的"冠顶之珠"镶嵌在这条丝带上，联结成新时代国际金融中心的恢宏样貌，从外滩到陆家嘴，沪上金融业在数十载的跌宕起伏中始终坚韧、务实、向上，一再攀登新台阶，创造新传奇，实现了前所未有的历史性跨越，取得了举世瞩目的辉煌成就，演绎着中国特色社会主义的生动实践，跃然成为世界认识中国、了解中国的一扇窗口，散发出无与伦比的金融感召力和经济驱动力。

　　堪称"金融活字典"的学者型领导龚浩成，曾经在浦江两岸的办公楼里辛勤工作了大半辈子，留下了难以磨灭的闪光印迹。即便年事已高，精神矍铄的龚浩成仍然喜欢不时到江边散步，眺望两岸旖旎美景，往事历历在目，回忆触手可及。这位金融界元老级人物，根植于

中国证券博物馆

上海这片沃土，见证了这座光荣城市的沧桑巨变，也见证了上海一步步接近国际金融中心的梦想征程。

浦江以西，流淌着百年外滩金融街的不朽传奇，十里洋场，繁华似锦。龚浩成的思绪"闪回"到1990年12月19日，虽然寒风乍起，但位于上海黄浦江苏州河交汇处的一座英式建筑门口却是车水马龙，暖意融融。年逾花甲的龚浩成挺直身板，站在建筑入口主持上海证券交易所开业典礼，显得意气风发，神采飞扬。伴随着"上海证券交易所正式开业"的宣告，从这座具有百年历史底蕴的建筑里传出一声清脆洪亮的开市鸣锣，新中国第一家证券交易所问世的激扬旋律，乘着电波的翅膀飞往地球各个角落，瞬时震动了全世界！身为上海证交所重要规划者和筹建者，龚浩成难抑激动之情，心潮与黄浦江水一起涌动，他眼中所见，心中所想，不仅仅是证券交易市场横空出世的突破性壮举，更是中国金融力量全面崛起的关键性动能。多年蓄力，一朝功成，上海证券交易所华丽亮相沪上金融业改革开放"初舞台"，亦是"剧透"中国金融史新华章的未来之窗。

浦江以东，鳞次栉比的陆家嘴金融贸易区拔地而起，巍峨壮丽，群英荟萃。场景"推移"至1995年6月28日的浦东，时值初夏，温煦阳光下的陆家嘴尚未形成高楼林立的景观，一座形似"太师椅"的建筑已然稳稳坐落在沸腾的土地上。龚浩成早早地来到了中国人民银行上海市分行新楼落成启用庆典大会的现场，尽管他行将离开领导岗位，但望着眼前这急管繁弦的一幕，仍然喜不自胜，情绪激昂。当浦东新区政府赠送的"神秘礼物"轻轻掀开了红盖头，一只憨态可掬、寓意"金融领头羊"小山羊露出真容，龚浩成感慨不已。在他担任人行上海市分行行长时，就已经开始考虑和规划央行"东进序曲"，他把"接力棒"递给继任行长毛应樑后，经过"一棒接着一棒干"的努力拼搏，如今终于化作了欢天喜地的美好现实。遥望浦江对岸，神工意匠的外滩万国建筑博览群投来"注目礼"，陆家嘴腹地，正在纵情书写"浦东开发，金融先行"的瑰奇诗篇。

时代的潮流浩浩荡荡，站在独特的视角，回望如歌的岁月，人生旅途中经历的一幕幕往事翩翩浮现，在龚浩成的思想宽银幕上循环放映……

三位"老外"的经济学理论指点迷津

参天之木，必有其根；怀山之水，必有其源。1927年2月9日，龚浩成出生在江苏省常州市武进县卜弋桥的一户小商人家庭。有"鱼米之乡"美誉的武进，老百姓丰衣足食，生活富庶，即使是新中国成立前也很少出现吃不饱的情况。龚浩成从小天资聪颖，家里送他去乡村私塾读书，抗日战争全面爆发后，他辗转来到上海继续求学。战火纷飞的年代，龚浩成的学习生活也不安稳，没过多久又返回武进，可他顾不上兵戈扰攘，时局动荡，坚持手不释卷，埋头苦读。龚浩成的案头长年置放着的一只焦黑破旧的烟灰缸，由饭盒改做而成，看似平淡无奇，却镌刻着一段令他终身难忘的记忆。"别小看这只烟灰缸，它的岁数可不小了，跟着我有80多个年头啦！"1937年日军发动全面侵华战争，龚浩成无忧无虑的童年被撕扯了个粉碎。一番大肆烧杀抢掠后，仅存下这只残破不堪的饭盒，年幼的他决定留下以铭记这段触目恸心的永久伤痛。目睹国家积贫积弱将亡未亡的混乱局势，龚浩成立志发奋读书，经邦济世。

抗日战争胜利后，他如愿考上当地最好的三所中学之一——江苏省立常州中学（现为江苏省常州高级中学）。龚浩成回忆常州中学在抗日战争胜利后复校的场景，慨叹道："除了一座教学楼和科学馆以外，校产荡然无存，至于其前身府中学堂时期的旧物，仅存一碑一塔一树而已。"

从江苏省立常州中学毕业后，龚浩成经过一年夙兴夜寐，砥志研思，于1947年夏考入国立上海商学院银行系（今上海财经大学的前身）。遨游在知识的海洋，他如饥似渴，对生活条件则毫不在意，"有张床铺可以睡觉就好了"。彼时学院第一任教务主任正是赫赫有名的经济学家马寅初。马寅初曾担任浙江兴业银行总稽核，中国第一部表述比较完整的《银行法》，就出自他的笔下，明晰提出了"图银行资本的充实，助长稳健的经营"这一银行立法思想。九一八事变爆发后，他发表《长期抵抗之准备》一文，批判蒋介石的"不抵抗政策"；针对引发物价大混乱及对外金融政策失当问题，他在立法院会议上言辞激烈诘责当时的财政部长孔祥熙；国民党政府滥发货币导致民不聊生，他严正抨击当局的战时经济政策，痛斥"四大家族"沆瀣一气掠夺国家财富的行径，有力支持了国统区的爱国民主运动。从他的身上，龚浩成既得到了金融的启蒙，又汲取了进步的力量。

"天翻地覆慨而慷。"1950年，国立上海商学院更名为上海财政经济学院，首任院长为中国经济学界的泰斗级人物孙冶方，他在中国财经教育领域推行大刀阔斧的改革，参与创建新中国统计核算体系，积极引进新的研究方法和研究工具，推动经济研究与经济工作密切结合。他在经济理论上的深厚造诣以及有胆有识的创见，也给龚浩成带来了深远影响。

"象牙塔"里的悉心研读，使龚浩成全面掌握了经济学领域的知识，也为他日后从事金融工作奠定了重要基础。每每提起当年学到的理论，他总是深为感恩。师从复旦大学商学院院长李炳焕的那段日子里，龚浩成"原汁原味"地细读了西方经济学，从中建立起自己的经济学框架。"啃"下厚厚的理论典籍，三位"老外"的名字跳腾出来：亚当·斯密、约翰·凯恩斯、卡尔·马克思，令他醍醐灌顶，过目难忘——

　　因《国富论》闻名于世的亚当·斯密，被龚浩成视作现代经济学的"老祖宗"。在微观经济学方面，亚当·斯密的价值论不仅把劳动看成是价值的唯一源泉，还把每一种商品中所包含的劳动量视为衡量交换价值的尺度。而在宏观经济学方面，亚当·斯密关心的是经济增长的性质和动态变化过程，他分析得出了"市场机制本身驱使近代社会的经济不断发展"的结论。同时，亚当·斯密是经济自由主义的倡导者，他期望在自律的个人自由基础上建立起一种自发调节的社会经济秩序，因而倡导一种"自然的、简单明了的自由体系"。在龚浩成看来，他不摆架子，不像尊严的师长，却俨然和气的导游，将他引入一个神奇的世界。

　　龚浩成常常念叨的第二位是约翰·凯恩斯，他的理论脱胎自1929年至1933年的世界经济危机。再观2008年美国次贷危机引发的全球金融危机，比起这场发源于美国、波及整个资本主义世界的"大萧条"，可算是"小巫见大巫"。从寻找大萧条背后的原因及阻止大萧条的方法出发，凯恩斯提出只有依靠"看得见的手"即政府对经济的全面干预，才能摆脱经济萧条和失业问题，单靠市场的自发调节是行不通的：政府通过扩大支出，包括公共消费和公共投资，可以改善有效需求不足的状况，从而减少失业，促进经济的稳定和增长。凯恩斯的理论给龚浩成带来颇多灵感，尽管无论按照亚当·斯密的理论还是马克思的理论，这种赤字财政政策都并不创造价值，因为它们并不生产产品，但是这种做法能够为失业者提供工作，实现市场调节无法做到的供求平衡，通过扩大有效需求，带动生产。与之背道而驰的是，20世纪80年代，新自由主义理论开始流行，提出完全让市场做主，让市场这个"看不见的手"发挥它的作用，然而龚浩成明晰意识到，新自由主义并不适合中国国情，中国的经济发展必然需要政府的干预调节。

而对龚浩成产生重大影响的则是卡尔·马克思，他在课堂上深入研读马克思的劳动价值论，这一交织了历史理论、行动理论、批判理论与阶级理论的合成体，与他从小在常州、上海两地求学所经历的社会现实相印证：在国民政府统治时期，内外交困，民不聊生，根据劳动价值理论，价值是由劳动人民创造的，只是这些价值被资本家无偿占有了。龚浩成读至大学三年级的高等经济学时，义无反顾选择继续探究马克思主义学派，同时阅读了列宁的帝国主义论，打开了他对马克思主义的认识，纵观历史，横看世界，无论有多少纷纭繁杂的学说理论，马克思主义无疑是迄今为止最科学、最严整、最有生命力的理论体系。不过，他回想学生时代连书本都没有的窘迫状况，全靠听老师解读强记下来，禁不住喟然叹息。

求学有渊源，胸中有丘壑。在本科毕业后短暂留校任助教之后，1952年至1955年间，龚浩成远赴中国人民大学货币流通与信用教研室攻读研究生。在这个"一边倒"地学习苏联理论的年代里，龚浩成体会，京城三年研读最大的收获就是从头到尾、原原本本地读了两遍《资本论》，洋洋二百余万言，使他扎实牢固地掌握了剩余价值学说，思考了剩余价值理论运用于现代社会时值得探讨的多方面问题。有人说根据剩余价值理论，只有生产劳动才创造价值，龚浩成自问：难道科学技术就不创造价值吗？管理也不创造价值吗？按照马克思的理论，这些都是必要劳动，但并没有明确说它们也创造价值。然而，邓小平同志说过"科学技术是第一生产力"，从现实的角度来看，管理劳动和科学技术都是能够直接创造价值的。

值得龚浩成终身铭记的一天到来了，1955年6月4日，他加入了中国共产党。同年夏天，从中国人民大学研究生毕业的龚浩成，再度回到上海财政经济学院执起教棒。巍巍学府的寒窗苦读，塑造了龚浩成的经济学功底和国际化视野，为他在学院任教树立了旁征博引、别具一格的讲学风格。他在给学生"传道授业解惑"的过程中会涉猎各种观点，从而帮助学生形成系统而广泛的知识体系，也会向学生讲授当时并不受传统课堂青睐的资本市场等概念及其现状。这些教学实践与思考成果，也为他之后在央行任上统筹布局申城金融发展蓝图、推动金融改革突破之举埋下了理论的种子。

"教书匠"角色切换变身"泥腿子"

天有不测风云，一系列的社会运动接踵而来，袭扰了龚浩成的财经讲师梦。龚浩成在突如其来的社会大潮中历经跌宕起伏，饱尝艰辛，可他始终保持不变初心，不忘本业。

1958年初夏，上海市委决定将上海财经学院、华东政法学院等四家单位合并，成立上海社会科学院，龚浩成被分配到经济研究所，先后担任所党总支秘书和学术组负责人，直至1966年"文化大革命"爆发。"农村是一个广阔的天地，在那里是可以大有作为的。"根据这一指示精神，龚浩成数次被借调到外单位参加农村工作，先是受中共上海市委宣传部委派支持改造"三类社"工作，调至宝山县莳溪公社桃园大队担任了一年大队支部书记，负责安排包括农业生产在内的各项工作，其间还被华东局农委借调赴江苏常熟白茆公社调查人民公社情况。"四清运动"期间，龚浩成先在金山廊下公社友好大队任工作组副组长，后又到松江泗联公社任工作队副队长，"教书匠"变身成了"泥腿子"。

"既来之，则安之。"龚浩成索性甩开膀子，蹲下身子，负责调查研究田间地头的实践问题，诸如农村人民公社内部的基本核算单位放在哪一级？公共食堂还要不要继续办？"十边地"和自留地如何划分？社员家庭要不要发展副业？以多大规模为宜？这些源自一线的真实调研情况，为制定"农业六十条"（即1962年9月27日中共八届十中全会正式通过的《农村人民公社工作条例（修正草案）》）提供素材。

回忆起过往深入农村的艰苦条件与恶劣环境，龚浩成感慨良多，当时即便是国家干部定量配额不少，但粮食的短缺还是让大家饥肠辘辘，居住条件通常也十分简陋。他去大队蹲点住在老乡家里，老乡看他缺少营养，好不容易钓到两条塘鳢鱼，摸摸索索从灶头角落里抠出一只鸡蛋，蒸了一道鸡蛋塘鳢鱼给他吃，那滋味一辈子也难以忘怀。还有一次龚浩成回家过年，半个月后回到老乡家里，老乡端上来一碗萝卜烧肉，说是除夕那天就为他留着的，他们每次做饭时都蒸一蒸，等到他回来时，碗里的萝卜和肉已经荡然无存，仅剩下一碗汤了。每每忆及这些，龚浩成热泪盈眶，当年老百姓省吃俭用、真心诚意地对待他们这些下乡干部，让他感到如沐春风，无比温暖。

转眼到了1968年，上海社科院也难逃被撤销的命运，顿失栖身之处的龚浩成搬到奉贤奉城滨海的市五七干校，继续"灵魂深处闹革命"，参加"斗、批、改"运动。这时，有关部门提出干部"四个面向"（即面向农村、面向边疆、面向工厂、面向基层）的要求，龚浩成背起行囊奔赴黑龙江最北部呼玛县插队落户，分配至新华公社兴立二队，不久即与少数农民和部分知青开拔至大兴安岭地区的深山老林中从事副业，在"顺山倒喽"的回荡声中挥洒辛勤汗水，一干就是六年多。那里人迹罕至，到处倒木腐草，"每一斤粮食，每一根铁杆，每一管炸药，都靠双肩背进去，极像那时一本苏联小说《远离莫斯科的地方》所描述的那样，一搞就是大半年"。对于这段人生洗礼，龚浩成常以积极的心态勉励自己，他觉得此番踏上黑土地，坚定了理想信念，增强了事业能力，磨砺了吃苦耐劳的意志，更为重要的是跟当地农民同吃同住同劳动，真正了解到民众疾苦，丰富了社会阅历。

返璞坚信念，苦劳赋阅历。1975年底传来的一纸通知，龚浩成随同上海在黑龙江插队的2000名干部调回黄浦江畔，分配至奉贤海滨的市五七干校当起理论教员，组织关系仍在上海社会科学院经济研究所。"治学不厌为智者，教育不倦为仁者，做事不苦为勤者"。尽管远离市区，条件捉襟见肘，但他依然攻苦食淡，孜孜不倦，业精于勤，教学有方。1976年，十月一声惊雷，"四人帮"被赶下历史舞台，龚浩成即被借调到《文汇报》理论部任编辑。

1978年底上海财经学院恢复招生，龚浩成再三请缨，希望做"回汤豆腐干"，重返财经学院教师岗位，他如愿以偿，先后担任上海财经学院财政金融系党总支书记兼系副主任，恢复技术职称评定晋升为副教授，直至1982年调任上海财经学院党委委员、副院长。龚浩成自称教书最大的特点，就是喜欢讲新观点、新理念，他讲授货币银行学时，中央已经提出社会主义市场经济问题，他感到金融市场当属市场经济必不可少的部分，资本市场亦是绕不过的问题，于是他用半天时间专题介绍资本市场的理论和现状，当学生们头一回听到股票买卖、开盘收盘、做空做多等概念，一时兴致勃勃，反响热烈。

这期间，龚浩成还被选派远渡美国华盛顿一月有余，参加世界银行经济发展学院特意为中国金融管理人员"开小灶"的"项目贷款"管理培训班，这或许为他两年后调入中国人民银行上海市分行埋下了伏笔。

后半辈子四个"十年"几乎都跟金融打交道

很多时候，机遇总是偏爱有准备的头脑。改革开放一夜春风，中央决定中国人民银行（简称"人行"）单独行使中央银行职能，不再兼营商业银行业务，全国的经济改革蓄势待发。1984年，丹枫迎秋时节，龚浩成跨出菁菁校园，调任中国人民银行上海市分行党组成员、副行长，国家外汇管理局（简称"外管局"）上海市分局副局长，兼任上海市金融工会主席。即便在人行任职期间，他也从未放下指导上海财经大学研究生的教学任务，始终关心母校的莘莘学子，讲授专业课程并指导论文，为申城重塑金融中心培养适用人才。

"我一辈子都在搞金融，没有转过行，我曾经教书，教的是金融课程，曾经搞研究工作，也是涉及金融领域。我这辈子有过四个'十年'，十年教书、十年研究、十年下乡、十年金融，但我最有成就感的十年还是58岁到中国人民银行报到直至68岁的这十年。"龚浩成这样总结自己的后半辈子。1987年，龚浩成出任人行上海市分行党组书记、行长，外管局上海市分局局长，兼任上海市金融学会会长。自1988年起，龚浩成被推选为上海市第九届人民代表大会代表，任国民经济和社会发展计划预决算审查委员会委员。至1992年初退居二线，他还被聘为中共上海市委咨询委员、上海市仲裁委员会委员。

担纲央行上海分行"掌门人"，龚浩成对当时面临的金融环境自有清醒的认识：虽然金融体制改革已经拉开序幕，但还是单一国家银行制度，不能适应商品经济的发展，结合西方经济制度以及我国社会主义经济制度的现状，真正的金融体制应当包括银行、证券、保险、信托"四大支柱"，而这些要素在单一国家金融制度中是无法实现的，为此须革故鼎新破藩篱，运筹帷幄建市场。

早在20世纪二三十年代，被誉为"远东金融中心"的上海，亦有过发达的金融市场。近代上海金融市场的产生和发展，同当时的社会经济、金融环境相辅相成，休戚与共。到1935年，上海金融业的资金集散功能提升至新高度，在27家全国重要银行42亿元的存款总额中，上海一地占据"半壁江山"；"头寸"调度既能集结各地之游资，又能适应各地融通之需，构成以申城为中心的资金网络，各地利率和内汇行市皆以上海为"晴雨表"；黄金市场的成交额日上竿头，增速惊人，一举超过了日本、印度和法国，仅次于伦敦和纽约；外汇市场成交量步步攀升，逐步在全球汇市握有交易话语权……龚浩成以史为鉴，温故知新，他认为想要重振上海金融中心之雄风，银行、证券、保险、信托这"四大支柱"甚为关键。"扬汤止沸，不如釜底抽薪"。上任后他重点做了两件事：一是恢复现代银行制度，二是把金融市场建设起来。

改革开放以前，商品经济不发达，银行资金切块管理，业务范围也相当狭窄，即使在"工农中建"四大银行剥离成为专业银行之后，业务划分仍然有较长的过渡期，央行身兼两职，无暇顾及宏观金融调控，管理权责不明，出现"多龙治水"甚或"群龙无首"的状况，弊端显而易见。"当断不断，反受其乱"。龚浩成根据中国人民银行的政策，确立央行作为中央银行定位，心无旁骛做好货币政策法规的制定与金融宏观调控体系的完善，指导重建现代银行体系。1987年，在龚浩成的精心灌溉下，全国首家股份制银行——交通银行向阳而生，初步营造了银行业百舸争流、千帆竞发的格局，为大批城市信用社、地方城商行、农商行等涌现做好铺垫。同时，他还推动申城资金流动，将银行业务从条条限制、块块限制、指标限制的桎梏中解脱出来，主持恢复了汇丰、渣打、东亚、华侨等老牌外资银行重返上海滩，金融景象"桑田碧海须臾改"。

资本市场的重新构建，无疑是龚浩成金融生涯的得意之笔。在他看来，这项工作之所能在争议声中矢志不渝地推进，而且取得了一些成绩，是因为始终坚持理论研究与政府决策实际密切结合，始终保持独立思考和实事求是的态度，"年年能有所创新，每年能够实现一个或者两个创举"。作为当年负责筹划的"三人小组"（李祥瑞、贺镐圣、龚浩成）成员之一，龚浩成全程跟进"催生"了上海证券交易所呱呱坠地，而后"百尺竿头"继续推动上海B股市场的建成，成功引进了改革开放后第一家外资保险公司，密切关心爱建金融信托投资公司问世，"稳"字当头、拾遗补缺拓展金融业务，为上海经济腾飞交出了令人满意的"成绩单"……博观而约取，厚积而薄发。"首发""创举"的背后，凝聚着龚浩成对沪上金融业改革开放历程的内在逻辑与未来路径的思考。

如何变政策"雨过地皮湿"为"润物细无声"？龚浩成觉得，政策措施要么不推，要推就锲而不舍"一竿子推到底"。他很早就开始关注上海货币市场的发展，1986年直接推动上海外商投资企业外汇调剂中心破土而出，两年后运营成为价格完全放开、国营与三资企业"同台唱戏"的上海外汇调剂中心，直至1994年中国外汇交易中心落地上海。1987年工行上海市分行内部拆借市场小试锋芒，龚浩成趁势而为搭建上海银行间同业拆借市场，严格规范管理，"蹄疾而步稳"，这一市场延续至1996年全国银行间拆借市场依托外汇交易中心开始运行。这两大市场"一套机构，两块牌子"，直属中国人民银行总行，财务上不以盈利为目的，独立核算，自收自支。申城货币市场精进不休，呈现出从上海地方联网辐射全国，又归于中央、落地上海的非凡历程，极大加速了资金的流动性，海纳百川，有"融"乃大，为上海建设国际金融中心填补了不可或缺的金融要素。

当然，服务性金融中介机构"春笋怒发"，也是龚浩成金融"服务拼图"构想中的重要一块。20世纪80年代末90年代初，龚浩成"新硎初试"，联手上海进出口商品检验局试点推出了公估行，作为第三方的保险理赔机构，虽然持续时间较为有限，但为业界开垦了第三评估服务理念的"试验田",也为新中国首家保险公估机构——上海东方公估行的诞生投石问路;当市场经济催发资信评估行业崭露头角之际,早在1988年,龚浩成就全力扶植上海社会科学院创办了全国首家第三方信用评级机构——上海远东资信评估有限公司,又遵循市场竞争的原则,推动依托于上海财经大学的上海新世纪资信评估投资服务有限公司建成。十年后中国人民银行新政出台,鼓励神州资信评级行业"百花次第争先出",龚浩成的高远之见使申城金融衍生服务无出其右,捷足先登。

有热爱才有付出。在央行上海分行出任"掌门人"的十年间,深谋远虑的龚浩成挺膺担当,为上海金融改革开放布下了一盘雄心大局。正是他不拘一格、不甘人后、不辞烦碎、不避劳苦、不居功自傲、不轻莽冒进的行事风格,唤醒了这座曾经的远东"金融旧都"脱胎换骨,涅槃重生,始终挺立于金融业创新实践发奋图强的潮头,"手把红旗旗不湿"。

没有一条通向光荣的道路是铺满鲜花的

提起"改革"这个词,龚浩成说过,那是1978年党的十一届三中全会之后开始广泛流传的。原来不说这个词,讲的都是"革命"。"改革"有它的特定含义。简而言之,改革往往没有预设的抽象目标,更没有一条铺满鲜花的道路,改革都是被现实逼出来的。龚浩成的金融从业之路恰恰也印证了,要想预设一个非常美妙的抽象目标,承诺一条铺满鲜花的改革道路，最终带来的结果往往都适得其反。而被现实逼出来的改革，尽管没有华丽的词藻，没有惊天动地、激动人心的场面，但它实实在在地推进金融开放，持续改善民生，增进人民福祉。这便是龚浩成所理解的中国金融改革的基本要义。

宝刀犹未老，白首心不移。1995年金秋时节，龚浩成从中国人民银行上海市分行退休，尽管不再担任领导工作，但他从未停下对上海金融事业发展与体制改革的关注，也未停下对各类新兴金融机构的支持与扶助。自出任上海证券交易所常务理事起，他连续六年主持理事会工作，作为上交所"开山鼻祖"之一，置身证券市场，筚路蓝缕、经风经雨，犹如一根屹立不倒的定海神针，绸缪帷帐引领证券市场逐步走上康庄大道；上海证券交易所携手上海财经大学合作开办证券期货学院，他担任院长近十年，重操教书育人旧业，口传心授金融亲历之道，培养出一大批为建设国际金融中心所需的栋梁之材。此外，他还先后受聘为国泰证券公司、大众保险股份有限公司等单位的监事长，东方航空公司、太平洋保险公司、国泰基金管理公司、富国基金管理公司等单位的独立董事，为完善公司治理框架、促进健康有序经营、维护运营公正性和透明性出谋划策，殚精竭虑。直到2014年后，龚浩成才辞去各项兼职，而闲暇时仍笔耕不辍，将他所亲身经历的惊心动魄的金融往事记述下来，以笔为媒，启迪后辈。

从农家学子进阶为金融官员，龚浩成投身并见证了沪上金融业波澜壮阔的蜕变历程，他时刻牢记小平同志讲过的那些话："实践是检验真理的唯一标准"，"摸着石头过河"，"贫穷不是社会主义"，等等，道理虽然简单，但每句话都直抵人心。"不管白猫黑猫，抓到老鼠就是好猫"，就是说能解决沉疴痼疾、能改善人民生活的办法就是好的办法。"改革都是被逼出来的，当时哪有这么多理论？也没有因为缺乏严谨的逻辑结构而争论不休，因为没有时间争论。"龚浩成的话语掷地有声！

"老犹栽竹与人看"。从"战上海"到"建上海"，从"一条街"到"一座城"，从"新跨越"到"新传奇"，龚浩成由申城金融的沧桑巨变总结出人生感悟，为新一代金融中心的建设者留下信念之基、精神之钙和思想之舵。首先，他笃信无论处于顺境还是逆境，任何历史背景下理想信念绝对不能动摇。龚浩成经历了"文化大革命"的冲击，他始终以牢固的马克思主义理论基础作为行事准则，始终坚守全面建设社会主义现代化国家的宏伟目标，不辱使命，不负重托，笃信社会主义市场经济的发展方向不动摇，金融业敢为人先服务实体经济的宗旨不动摇，孜孜以求金融改革的"上海方案"；其次，做工作就得干一行，爱一行，专一行，精一行。高尔基有句名言："天才就其本质而论只不过是对事业、对工作过程的热爱而已。"龚浩成凭着对金融事业的满腔热忱，励精图治，吐故纳新，挖掘自己所有潜能来实现梦想，特别是在创建上海证券市场过程中积累的经验得失，他都时常拿出来与同道分享，因为在他看来，"努力可能会失败，但放弃则意味着你根本不可能成功"；再次，在处理金融体制改革的任何问题上，龚浩成主张要按照市场规律办事，不能从部门利益甚至个人利益出发"打小算盘"，更不能"屁股指挥脑袋"，而应站在全局的立场思考决策，身在兵位，胸为帅谋，自觉树立大局意识，才有"不畏浮云遮望眼"的眼力、"咬定青山不放松"的定力，使工作既为一域争光，又为全局添彩。虽说任何新事物的出现，都会经历重重阻力，遇有艰难险阻，"不要先说不行，要想一想怎么才能行"，本着这样的态度，困难往往迎刃而解。龚浩成时常告诫家人和同事，一个人吃饱穿暖就足够了，不要对物质条件太过在意，耐得住寂寞，经得起诱惑，守得住清贫，不追求奢华，不相互攀比，知足常乐就好，将更多的时间和精力投入到自己所专注的工作中去，为建设社会主义金融事业添砖加瓦。谆谆教诲，春风化雨，显现了老人家磊落豁达的价值观和人生观。

人的阅历，就像是一本厚重的书，扉页是梦想，目录是脚印，内文是华章。2007年草长莺飞的日子，时任上海市金融服务办公室副主任范永进探望了杖朝之年的龚浩成，听他讲述风云激荡的金融人生，闲看花开花落，静观云卷云舒，说到动情的当口，龚浩成大手一挥，字字铿锵："此生无憾矣！"

历史远去，音犹在耳，精神不灭。

第一篇章

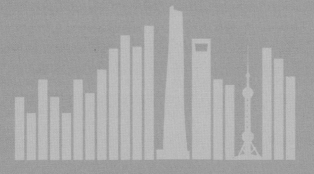

新硎初试，谋篇布局

上海银行业制度改革的先行者

　　当此革故鼎新、改弦易辙之际，在上海财经大学任教、致力于金融理论研究的龚浩成进入了中国人民银行总行领导的视野。龚浩成后来得知，当时考虑中国人民银行上海市分行领导班子配备时，总行领导提出一定要配备一名金融理论造诣较深的同志，他因此被推荐到人行上海市分行出任副行长，于1984年秋走马上任。

回望中华人民共和国成立后的峥嵘岁月，百废待兴，旗鼓重整。为尽快奠定我国重工业的基础，壮大国营经济力量，我国按照"苏联老大哥"的模式"依葫芦画瓢"，构建起高度集中统一的计划经济管理体制。与此相适应，也建立了高度集中统一的中央银行制度，全国实际上只有中国人民银行一家银行，一些银行虽然在名义上存在，但实际上没有独立或没有真正意义上的银行业务。中国人民银行同时具有中央银行和商业银行的双重职能，不仅是金融行政管理机关，还是具体经营银行业务的经济实体，既行使货币发行、经理国库和金融管理等中央银行职能，又从事信贷、储蓄、结算、外汇等商业银行业务，在金融业中具有高度垄断性，这一制度模式被称为单一国家银行制度。当时，只有苏联、中国、东欧一些国家采取这样的模式。

计划经济管理体制下，企业的生产、销售都由国家负责统一安排，基本建设投资规模也由国家统一确定，财政负责固定资金和定额流动资金的供给，银行信贷只限于超定额的、临时性的流动资金供给，银行处于从属地位，呈现出"大财政、小银行"的格局。在银行管理制度上，中国人民银行的分支机构按行政区划逐级普遍设立于全国各地，各级分支机构按照总行统一的指令和计划办事；在信贷制度上，没有直接金融，只有间接金融，即企业不能向市场筹款，只能按规定向银行借款。到"文化大革命"时期，尽管中共中央和国务院三令五申地要求维护银行业务秩序，保持银行体系的相对完整，但金融业还是全面萎缩。

1969年7月，中国人民银行、财政部合署办公，"一套班子，两块牌子"。银行的组织机构体系和业务管理体系，从上到下无法形成集中统一的工作系统，中国人民银行管理信贷的职能同各级财政预算的职能发生了混淆，控制信贷、稳定货币的职能被削弱，用贷款保财政收入、保投资缺口，给经济和金融的综合平衡设置了难以克服的体制障碍。在这一制度安排之下，中国人民银行实际上成为了财政部的辅助机构，只是企业和社会的结算中心，本身没有贷款、投资自主权和货币监管权力，既不是真正的商业银行，也不是真正的中央银行。

时光如水，总是无言。长期执教鞭的龚浩成调入中国人民银行上海市分行出任副行长一职时，改革开放风起潮涌，各种经济成分竞相发展，"大财政、小银行"的格局已然开始发生裂变。从1978年起，华夏大地开启了重大改革的新篇章，实行经济对外开放、对内搞活。随着经济体制改革的展开，中国人民银行组织机构体系也经历了一系列重大变革，打破了"大一统"的垄断格局，从单一国家银行制度逐步转向现代银行制度。1978年1月，中国人民银行与财政部正式分开办公，同年年末，全面恢复了中国人民银行的统一体制，长达数年的银行与财政职能混同、分支机构以地方领导为主的体制几经波折终告结束。但是，由于单一国家银行制度的继续实行，信贷制度上的严格控制，原有格局未能得到根本性的扭转。

按照邓小平1979年10月提出的"要把银行真正办成银行"的指导思想，1983年9月17日，国务院发布了《关于中国人民银行专门行使中央银行职能的决定》，明确中国人民银行是国务院领导和管理全国金融事业的国家银行，集中力量研究和做好全国金融的宏观决策，加强信贷资金管理，保持货币稳定，具有"发行的银行，银行的银行，政府的银行"三大性质和职能，建立中央银行制度。1984年1月1日起，中国人民银行总行开始专门行使中央银行职能，而原来的存贷款业务正式剥离后，由新设的中国工商银行专业经营。1986年1月7日，国务院颁布了《中华人民共和国银行管理暂行条例》，明确中国人民银行是中央银行，规定了其具有货币政策、金融市场监管及货币发行等12项职能。至此，中国人民银行单独行使中央银行职能的中央银行制度从法律上正式确立下来。

当此革故鼎新、改弦易辙之际，在上海财经大学任教、致力于金融理论研究的龚浩成进入了中国人民银行总行领导的视野。龚浩成后来得知，当时考虑中国人民银行上海市分行领导班子配备时，总行领导提出一定要配备一名金融理论造诣较深的同志，他因此被推荐到人行上海市分行出任副行长，于1984年秋走马上任。

一、春潮带雨晚来急：四大银行在上海地区的改革"尝鲜"

踩着金融改革的鼓点，龚浩成踏上了中国人民银行上海市分行副行长的岗位。此时，中国银行、中国农业银行、中国人民建设银行已经恢复，不像以往还是中国人民银行的部门，而是独立自成系统，执行原来由中国人民银行行使的相关业务。自1984年1月1日起，中国人民银行总行开始专门行使中央银行职能，把中国人民银行在城市中的存贷款业务部门单独列出来建立了中国工商银行。

在龚浩成的记忆里，当时规定的人民银行的主要职能及任务明白无误：根据国家的方针政策筹集资金和运用资金，支持工业生产发展和商品流通扩大，支持集体、个体工商业和服务性行业的发展；按照中国人民银行的统一部署和搞活经济的要求，加强现金管理，调节市场货币流通，办理清算业务，加速资金周转，通过信贷资金活动促进社会主义商品经济的发展。

好比一户人家"分家"，会涉及子女家产老人赡养诸多具体权属，千头万绪，错综繁杂，更何况一家机构庞杂的大银行乎？因此，当时的主管部门未雨绸缪，约法三章："人民银行专门行使中央银行的职能，是银行体制的一项重要改革，涉及许多复杂问题，改革工作既要抓紧，又要做细做好，步子要稳妥……为了避免业务中断，影响社会经济活动，分行以下各级人民银行机构，在工商银行未分设前暂不变动，加挂工商银行牌子；各项业务工作，分别接受人民银行和工

1984年中国工商银行吴淞区办事处成立，左右分别挂有中国人民银行、中国工商银行两块牌子

20世纪80年代中国工商银行虹口区公平路储蓄所，招牌改自中国人民银行，底板上的"人民"二字依稀可见

商银行两个总行的领导。"

当1984年的第一缕阳光把申城唤醒，市民像往常一样，怀揣人民银行的存折来到网点存钱取钱时，却发现熟悉的门楣略有几分陌生，一些网点来不及更换招牌，干脆把银行名称里的"人民"两字改成了"工商"。每一笔业务终了，银行工作人员都会在凭证上加盖一个"中国工商银行上海市分行"字样的印章，就这样，这些客户不知不觉地成了工行的首批顾客。

不当"运动员"了，怎样当好"裁判员"

匆匆跨进外滩23号人行办公大楼的龚浩成刚过知天命之年，他甩开膀子，踔厉奋发，意欲把长年从事金融教学的理论积淀同上海银行业制度改革实践结合起来，为激活这座曾经是"远东金融中心"的东方大都会的特有禀赋奉献聪明才智。这栋近代西洋建筑与中国传统建筑风格相得益彰的大楼门口，曾经挂有三块招牌，分属人行、工行、中行三家单位，在同一屋檐下交相辉映，演绎着特定年代里金融职能调整的独特风景。

"无边光景一时新"。中国人民银行专门行使中央银行职能后，于1984年2月15日发布了《信贷资金管理办法》，建立货币信贷总量控制体制，修订和调整相应金融规章，转换调控方式，调整系统机构设置，开始把工作重心向宏观调控和金融监管方面转移。按照当时的现实条件，中国人民银行按经济区域设计机构的设想一时难以实现，因此仍然在各省、自治区、直辖市设立一级分行，作为总行的派出机构；地（市）设立二级分行；县一级设立支行。随着金融改革的稳步推进，中国人民银行地方分行的职能也发生了重大转变，主要行使政策协调、机构审批、调查统计、国库收支、现金收拨等职能。

据龚浩成回忆，根据上海的实际情况，在征得中国人民银行总行同意后，中国人民银行上海市分行不设区县分支机构，原来设在市区的人行营业网点悉数划归新成立的工商银行，位于郊县的人行营业网点划归农业银行，中国人民银行保留市分行本身，但必须完成货币政策的贯彻执行，金融机构间的政策协调以及机构审批、调查统计、外汇管理、国库收支、现金收拨的职能，"这在全国人民银行系统也是绝无仅有的"。

人民银行不当"运动员"了，如何当好"裁判员"？四大国有商业银行恢复和设立后，中国人民银行依照国务院的决定，对其主要采取经济手段进行管理，各商业银行对中国人民银行作出的决定必须执行，否则中国人民银行有权给予其行政制裁或经济制裁。中国人民银行行使国家管理金融机构的职能，应该肩负起对专业银行和其他金融机构的领导作用、监督作用和协调作用。

当时的银行体系被称为"以中国人民银行为领导，国家专业银行为主体的银行体系"，打破了苏联模式的单一国家银行制度，是我国社会主义金融体系在建立、发展和完善过程中的一大成绩。龚浩成认为，这一体系的建立，不仅标志着我国从单一国家银行制度到中央银行和专业银行并存的二级银行体制转变的结束，还意味着我国银行业已经实现了由单一国家银行完全垄断结构向四大国家专业银行分割型市场结构的转变。然而，他也意识到，这一体系和现代中央银行制度是不能相提并论的，仍然存在不少问题，四大国家专业银行的设立，并不是按照商业银行的思路，而是按照既有的实体状况，并按计划经济行业管理的思路进行，还算不上真正意义上的金融企业。

伴随着金融改革步骤的有序推进，位居申城的农行、工行、中行、建行相继开门揽客，但是对其经营范围、资金投向仍有严格划分和限制，四大行各霸一方，处于垄断经营状态。比如工商银行想把贷款投给从事进出口贸易的企业并不被允许，而农业银行只能在城郊结合部"打游击"，无法将经营触角延展到中心城区。在商品经济浪潮的拍击下，这种做法显然"画地为牢"。

其时，中央银行和专业银行之间，中央银行应肩负起领导、监督和协调的作用；专业银行之间，虽然在总体目标上一致，但在业务交叉中，会发生矛盾，需要协商解决。如何发挥作用？龚浩成一语道破："中央银行的领导、监督和协调作用，应本着协商、服务的精神，通过一系列具体措施来实现，如加强银行联席会议制度，尽可能帮助专业银行解决实际困难，制订必要的金融法规，等等。"

1987年来到人行的第三个年头，龚浩成被任命为中国人民银行上海市分行代行长。对于怎样当好中国人民银行省、市分行行长，龚浩成深有体会："当行长就是要善于协调和处理好各类关系。要协调和处理好宏观控制和微观搞活的关系，协调和处理好同地方政府及有关部门的关系，协调和处理好同专业银行及其他金融机构的关系，协调和处理好中国人民银行内部的关系；同时，要正确对待西方国家的经验，要具有相当的理论修养。"他觉得，人行上海市分行既要执行全国统一的方针政策，又要支持地方经济的发展，如何处理好"中央和地方关系"尤其重要。初来乍到的龚浩成曾请教时任总行副行长邱晴，对方一句最朴素的话语令他茅塞顿开："你到北京来，要多讲上海话；你回到上海，要多讲北京话。"

"工农中建"四大行，到底姓"专"还是姓"商"

毛泽东《在鲁迅艺术学院的讲话》中有过一句话："俗话说：走马看花不如驻马看花，驻马看花不如下马看花。我希望你们都要下马看花。"经过一番对初步恢复的银行体系的深入调研，龚浩成对比了金融改革前后的变化状况。他指出，单一国家银行体制下，全国只有一家银行，当时中国银行虽然存在，但并非是独立银行机构，实质上是中国人民银行的外汇业务部，农业银行也实际上是中国人民银行的农村金融工作部，对内来讲，两者都是中国人民银行的一个部门，对外挂着中国银行、中国农业银行的牌子。中国人民建设银行当时由财政部管理，仅承担拨款任务，严格来讲还不是真正意义上的银行，而是财政拨款的机构。

追本溯源，中国农业银行从1955年3月成立以来，在精简机构的形势下，1957年、1965年与中国人民银行几次合并。1979年2月，根据党的十一届三中全会上通过的《中共中央关于加快农业发展若干问题的决定（草案）》，国务院发出了《关于恢复中国农业银行的通知》（以下称简《通知》）。《通知》规定，中国农业银行是国务院的一个直属机构，由中国人民银行代管。其主要任务是统一管理支农资金，集中办理农村信贷，领导农村信用社，发展农村金融事业。1979年3月13日，中国农业银行正式恢复成立。

同年3月，国务院同意并批转中国人民银行《关于改革中国银行体制的请示报告》，并提出：随着中国对外贸易和国际交往的不断发展，银行的国际结算任务日益繁重，为了更好地发挥中国银行在新时期的职能作用，有必要适度扩大中国银行的权限，并在体制上进行改革。依据改革的具体指示，中国银行成为国家指定的外汇专业银行，它的任务是：组织、运用、积累和管理外汇资金，经营一切外汇业务，从事国际金融活动，同时还可以根据国家的授权和委托，代表国家办理信贷业务。

话分两头说，中国人民建设银行（1996年3月26日更名为中国建设银行）自1954年10月成立以来，在财政部领导之下，承担保证基本建设资金及时供应和合理使用的管理工作，但几经撤并，并没有发挥银行的职能和作用。1978年，国务院批准建设银行成为国务院直属单位，并在全国设立分支机构，以加强对基本建设资金的拨款和监督。1979年8月，国务院决定将建设银行从财政部分离，成为一家独立的

起初工商银行上海市分行与中国人民银行上海市分行分家时，并未从上海市中山东一路23号的人行上海市分行办公大楼搬离，而是与人行上海市分行同一幢楼办公

银行。

　　龚浩成记得，他刚到中国人民银行的时候，"工农中建"四大行有一个名称，都叫专业银行，属于国家的，全民所有制的，公有制的。但是，他碰到的第一个问题就是，这些银行是不是专业银行，为什么都叫专业银行？

　　毕竟在金融教研岗位上摸爬滚打十数载，龚浩成博闻强识，他发现在世界银行制度中，的确有专业银行这种叫法。譬如，日本的长期信用银行被称为专业银行，原因在于它不从事短期业务，而专门从事长期性业务。但我国的工商银行、农业银行、建设银行、中国银行都是放短期贷款的，都为短期信用。俗话说，"铁路警察，各管一段"。工商银行主要从事城市企业的存款、放款、城市居民的储蓄存款这三块业务，农业银行从事农村企业的存放款业务和农民的储蓄业务，建设银行从事基本建设的贷款业务，中国银行从事进出口信贷业务。在他看来，总体而言，四大行从事的均为短期信贷和存款业务，不具有专业银行的性质。之所以称其为专业银行，是指业务上有分工、分别经营有不同的领域，将整个范围上的"存、放、汇"三大商业银行业务分割成四个部分，工商银行负责城市的工商企业，农业银行紧盯农村的工商企业，建设银行聚焦基本建设投资，中国银行掌管进出口贸易。

　　归根结底，昔时的四大银行并不是国际意义上的专业银行性质，而是它们根据国务院确定的各自专业领域的业务，分别在工商企业流动资金、农村、外汇和基本建设四大领域服务，所谓的"专业"只是商业银行业务——存取借贷在地域、行业范围上的行政划分。当然，后来它们都不叫专业银行，改称国有商业银行，更为名副其实。

光有"钞票"还不够，贷款得有"粮票"

19世纪英国浪漫主义诗人布莱克说："独辟蹊径才能创造出伟大的业绩，在街道上挤来挤去是不会有所作为的。"新官上任，龚浩成"牛刀小试"，推动了上海地区的银行贷款制度改革。

遥想当年，资金紧张到何等程度？《朱镕基上海讲话实录》一书中就有记述，朱镕基到上海的第一天，就听财政局的汇报，要了解上海的家底。还记得那时，上海财政局局长鲍有德大年三十晚上跑来找龚浩成，心急火燎地说道："老龚，没法过日子了，财政报表没有办法做平，总共缺一亿元资金。资金都用掉了，拨款改成贷款，银行发放一亿贷款，这样可望使企业不受影响。"

改革之前，我国在资金制度上采用分割切块式的管理，体制和现在有所区别。全国采取贷款额度控制，中国人民银行总行确定总体贷款额度，再分配给"工农中建"四大银行，四大银行总行拿到贷款额度后，再分派给各地分支行，各地分支行没有管辖权。另外，为了激励上海和深圳，中国人民银行总行调整了切块管理办法，单独切两块额度给上海和深圳的中国人民银行分行，再由上海和深圳的中国人民银行分行分配给辖区内的"工农中建"四大银行。例如，上海的资金由中国人民银行上海市分行计划处再分割给工商银行、农业银行等，由此决定其可以放多少贷款。

因此，贷款并非想放就放，用句通俗的话来形容就是"既要有钞票，又要有粮票"。放贷当然要有足够的资金，但有了钞票还不行，假如没有贷款额度的话，还是不能进行贷款业务。额度就像特定经济时期老百姓须臾不可缺少的粮票那样，想要获得银行贷款，钞票和粮票一个也不能少，而且地区之间不能流动，上海的资金无法流到外地，外地的也不能流到上海。在这种"画地为牢"制度的羁绊下，谈不上业务竞争，谈不上改进工作，更谈不上加强服务。譬如一个企业在长宁区开办工厂，那么只能在银行长宁区办事处附属的机构办理开户及资金收付手续，长宁区的就不能"跨界"到毗邻的静安区办理。当时贷款管理体制刻板僵硬，"树欲静而风不止"，改革环境促动了银行业务必须冲破界限。

基于此种背景，龚浩成在上海地区尝试推进改革。一种办法是"岁末盘点"，调拨一部分贷款额度到年终，根据四家银行的年终资金情况进行适度调剂；另一种办法是"因时制宜"，改变贷款两个指标管理，哪个银行需求多就多放，改变规模管理一成不变的模式。与此同时，"工行下乡、农行进城"的改革也在悄然启动，他经过一番考量，决定选择浦东的农行进行试点。因为从谨慎性经营的角度考虑，农行客户体量不大，相对比较稳健，多存多贷影响较小，哪怕改革稍微激进一点也还控制得住。不过，龚浩成事后回想起来，还是觉得选择试点的胆子小了点，有些瞻前顾后，"没有选工行，农行稳是稳了，但也没做出成绩，没有成效，对推动银行制度改革方面的工作做得比较少"。他认为当初应该选工行试点，业务盘子更大，客户基础更广，也更容易取得成效。

总体来看，龚浩成当年主持的"切块管理"改革尝试起到了"三得利"效果，有利于上海的工作，有利于上海的企业，有利于金融改革的推进。

农行"进城"了，工行可否也"下乡"

改革春风轻拂，"工农中建"四大国有商业银行得以先后恢复和设立，打破了原来的单一国家银行制度，但四大国有商业银行在当时是按照行业管理的思路来设立的，它们分别在工商企业流动资金、农村、外汇和基本建设四大领域占据垄断地位，业务严格划分，各家银行"自扫门前雪"，不仅没有相互竞争的意识，更没有现代银行的理念和经营思想。

对于当年四大银行的垄断经营状态，龚浩成印象至深。四大商业银行成立时，对其经营范围、资金投向都有严格的划分和限制，可说是"道寡称孤"，各霸一方，把全国的经济领域分割成四块：工商银行一块最大，农业银行一块从面积上讲也不小，中国银行和建设银行，也各有各的业务领域，相互间不能交叉。譬如，工商银行要到从事进出口贸易的商业企业去放贷款是不被准许的，必须由中国银行进行贷款，这是由行政切分将业务分割到各个部门造成的。

龚浩成自问，商品经济条件下，这样的状态行不行？答案显然是否定的。垄断经营是不可能进步的，要建立适应市场经济的现代银行制度，让银行真正发挥作用，就必须从打破垄断引入竞争开始。当时农业银行提出诉求，希望突破只能在农村地区设立分支机构的条条框框，可以到市区开设银行网点。由农行盼望"进城"触类旁通，龚浩成设想在银行之间能不能突破政策的藩篱，在同一区域同一空间展开良性竞争。譬如工商银行完全可以挺进郊区施展身手，到奉贤、宝山等郊县（现为奉贤区、宝山区）办银行；中国银行不必局限于搞进出口业务，也应当进行其他企业的放款，要在业务经营上形成交叉，不能捆死在一条线上。龚浩成说："不管大小，银行都需要竞争，不进行竞争就没有出路。"

很快，在龚浩成亲力亲为的推动下，"农行进城，工行下乡，中行上岸，建行拆墙"不仅仅是停留在顺口溜的美好畅想，而成为上海银行界冲破政策打破常规、推陈出新的生动实践。对比改革前后，龚浩成十分感慨："现在去查任何一个稍具规模的企业，都在十家八家银行开户，例如在工商银行开户，也可以在建设银行，还可以在交通银行开户，开户的银行很多，但是过去就不行，只能在一家银行开户。所以，当时提出的口号实际上就是要冲破垄断，展开竞争。"

有一则关于农行上海五角场支行"进城记"的故事，颇有意味，令龚浩成津津乐道。当初，农业银行上海分行行长林中杰找到龚浩成，想在五角场办个支行，前来征询他的意见。龚浩成说只要他们申请，人民银行肯定批。不过，因为五角场属于杨浦区，林中杰打算取名"杨浦支行"。龚浩成认为这个名字不是最佳选择，根据有关文件精神，称杨浦支行就只能申办杨浦区域的业务，就像那时江苏的银行不能进入上海办理业务。1986年江苏有些企业已经进入上海，江苏农行想在上海设分支机构，并未获得批准，于是龚浩成脑筋一转，建议他们索性开设一个办事处，虽然办事处不能直接开展业务，但可以在太仓办理业务，太仓属于江苏，离上海又很近。

龚浩成向林中杰面授机宜，提议农行的新支行叫"五角场支行"。他表示，假如叫五角场支行，那么五角场地处杨浦当然可以办杨浦业务，边上就是虹口，也可以办虹口业务，又毗邻宝山，那么也可以办宝山业务，在此设立一个支行可以办三个地方的业务。小小"金点子"，显示了龚浩成的智慧和担当。如今，这家在申城率先击破"工不下乡、农不进城"成规的"五角场支行"招牌历久弥新，依然为周边市民和企业提供日益丰富的金融服务。

力助建行筹得海外巨资迎"四小姐出阁"

念往昔，繁华竞逐。龚浩成见证了内地首次向海外银团募资建设的项目。20世纪70年代末，"洋跃进"中引进的大量设备出现了搁浅的现象。我国从国外引进了四套30万吨乙烯装置，前三套还算顺利，最后一套却堆放在南京扬子石化公司场地上"晒太阳"，非但不能发挥效用，还得每年花费数百万元的维护费。你说急人不急人？

"与其临渊羡鱼，不如退而结网。"1982年，建行上海市分行受总行委托，牵头组织对石化企业的投资效益情况进行调查。调研结束后，建行总行以《情况反映》向中央和有关部门上报了"上海石化总厂规划中的三期工程（30万吨乙烯工程）的建设是非常必要的"。随后，国家计委发出《第4套30万吨乙烯装置明确定点上海建设的通知》。至此，全国各地近10个省争夺的30万吨乙烯工程项目"花落"申城，被业界形象地比喻为"四小姐出阁到上海"。

尽管上海市人民政府与国家计委、中国石化总公司商定，上海30万吨乙烯工程在上海石化、上海高桥石油化工公司和新建的上海氯碱总厂三个点同步建设，但数十亿元的建设资金无法在"七五计划"中解决。根据自行筹集资金的精神，建行上海市分行提出由建行总行授权其为上海30万吨乙烯工程统一筹措建设资金、"找国内外市场"的设想，龚浩成给予了全过程的支持。

事不宜迟，当国务院领导在国家计委的报告中批示肯定性的意见后，建行上海市分行立即组建30万吨乙烯工程筹资领导小组和集资办公室。1986年11月14日，国家外汇管理局批准建行上海市分行可以根据借款人的委托，办理30万吨乙烯项目的对外借款和担保业务。建行上海市分行随即组建外资处，并与十多个国家或地区的40多家银行接触询价，数轮洽谈。

"一石激起千层浪，惊动五洲四大洋。"消息一传出，门槛被踏破，外国银行纷纷上门询问，建行为此向各家征集书面方案，"货比多家"，择优录取。其间也有外国银行满腹狐疑："中国对外筹资有10大窗口，建行并不在列，建行筹资合法吗？"作为地方金融的"父母官"，龚浩成毅然为建行"加持"，斩钉截铁地回应："这次对外融资，我们持有国家计委和国家外汇管理局特批的'尚方宝剑'。建行虽不是窗口，但敞开了大门！"

整个筹资的谈判过程曲折而艰辛，其中也不乏斗智斗勇。同法国银行谈判利用美国出口信贷一事时，对方要求"设备从纽约一发出，建行就必须付款"，而建行方面认为，"按信用证业务惯例，建行作为开证行在收到单据后方能付款，其他外国银行也如此"。双方对此发生争议。几番"拉锯战"，最终法国银行纽约分行拍板同意了建行的条款。

金融创新没有先例可循，不仅需要有创新精神，还需要有高度负责的工作态度。30万吨乙烯工程筹资堪称建行第一个境外融资项目，从高层领导到集资办公室的每一位具体工作人员，大家全情投入，呕心沥血，齐心协力，有一次贷款协议条款的谈判一直持续到午夜，急得中方代表的家属半夜跑到九江路建行上海市分行办公地点去找人。

功夫不负有心人。1987年6月15日上午10时，上海西郊宾馆会议厅内，花团锦簇，一张长长的会议桌早已布置妥当，来自各国的42家银行的代表相继落座，在多达42本贷款合同上慎重地一一签署，建行与以美国花旗银行、日本兴业银行、东京银行、法国东方汇理银行为

　　1986年，金山石化委托建行上海市分行向社会发行"三十万吨乙烯工程债券"，总计1.4亿元人民币，其中向个人发售9000万元。图为市民在建设银行网点咨询产品，购买踊跃

　　1989年12月1日，建行上海市分行为上海30万吨乙烯工程进行的第二阶段的对外融资贷款签约仪式在北京人民大会堂举行

干事行（即牵头行）的共41家外国银行签下了1.5亿美元、101亿日元的外汇银团贷款和2630万美元的意大利出口信贷协议。龚浩成陪同人民银行总行行长陈慕华，以及中外人士300多人共同见证了这一历史性时刻。

签约仪式持续了一个多小时，当时气氛热烈隆重，仪式规格甚高，安全保卫工作也十分严密，龚浩成回忆："按干事行、副干事行、参加行的顺序排位子，开会前一晚我们将文本签字的流转过程都演习了一遍"。协议的签署得到国际金融界的高度重视，也引起境外媒体的关注。《日本经济新闻》、香港地区《信报》等均有报道。《信报》评论："建行要求的贷款条件已十分苛刻，成为外资银行的鸡肋。"言下之意，贷款收益对于外资银行来说过于微薄，"赔本赚吆喝"而已。

随着上海30万吨乙烯一期工程的顺利投产，时任国务院总理李鹏同意该项目继续向国际金融市场筹集资金。1989年2月28日，建行上海市分行与日、美、荷等国家和地区的29家银行签订了总金额1.28亿美元的两项银团贷款合同；其后，建行总行授权建行上海市分行在北京人民大会堂举行签约仪式，建行上海市分行与意、法、荷等国及中国香港地区的9家银行签订了利用意大利出口信贷5600万美元购买乙烯设备的贷款协议。至此，建行上海市分行完成了为上海30万吨乙烯工程两个阶段筹集外资共5.21亿美元的任务，在上海30万吨乙烯工程4年的建设时间中，筹措的资金及时到位。这是内地的建设项目第一次向海外银团敞开大门、进行大规模融资，从而在投资体制改革和金融创新上迈出了重要一步，龚浩成在很多会议上都点名夸奖了这一项目的"开花结果"及其示范效应。

30万吨乙烯工程正式落地后，上海石化工业焕然如新，更上层楼。然而上海石化股份有限公司并不满足，他们再接再厉，通过技术改造将乙烯生产能力从30万吨扩大到39万吨，由此带来外汇资金新需求8183万美元。1996年5月，石化股份与建行上海市分行"梅开二度"再次签订合作协议。建行上海市分行又于1997年和1998年两次牵头组织美国花旗银行、日本兴业银行、住友银行、渣打银行、德意志银行成立银团，向上海石化发放外汇贷款，确保满足技术改造项目的资金缺口。

从"四小姐出阁"到"儿女绕膝"，建行上海市分行通过成功地为30万吨乙烯工程进行国际融资，成为建行系统国际金融业务的"先头部队"。让龚浩成眉开眼笑的是，此后建行上海市分行以出口信贷、政府混合贷款、银团贷款、联合贷款和双边贷款等方式，为宝钢、上海电力、上海焦化厂、华虹NEC、上海轨道交通三号线、浦东国际机场、东方航空、上海航空等一大批建设项目筹措外资，为上海建设"雪中送炭"，在国际金融市场上占据了重要一席。

二、沉舟侧畔千帆过：专业银行向商业银行转轨与宏观调控

"把国家专业银行办成真正的商业银行"。1993年12月，国务

院发布了《关于金融体制改革的决定》，第一次开宗明义提出要深化专业银行改革，要求把其办成自主经营、自担风险、自负盈亏、自我约束的真正的商业银行。实行政策性金融与商业性金融分离以后，专业银行转变为国有独资商业银行；实行一级法人体制，增强总行和一级分行的管理、控制能力，减少内部管理层次；实行资产负债比例管理，建立和完善呆账准备和核销制度，健全科学、有效的内部控制和风险控制制度。

在专业银行向商业银行转化的过程中，才思敏锐的龚浩成联系上海金融改革的实际，埋头于资料堆，开展大量的理论研究与思考。他提出，我国金融改革的主要任务之一是建立和完善中央银行为领导、国有商业银行为主体、多种金融机构分工协作的金融组织体系；建立直接调控与间接调控相结合，逐步以间接调控为主的宏观调控体系；而随着市场经济的发展，专业银行向商业银行转化的问题，已现实地摆在了面前。

银行业务交叉，会否引发金融"交通事故"

万事开头难，银行体制改革概莫能外。

面对经济转轨时期的金融初局，龚浩成厘清了专业银行的定义，他认为专业银行指我国金融体系中的主体，即中国工商银行、中国农业银行、中国银行、中国人民建设银行。它们既是直属国务院的经济实体、在业务上接受中国人民银行的领导和管理，又是经营存款货币业务的金融中介。之所以称为专业银行，是由于它们各有其专门划定的业务领域，基本上按照城市、农村、外贸、固定资产投资进行分工，并在一定范围内允许业务交叉和展开竞争。从这个意义上说，我国的专业银行更接近于一般商业银行，尽管它们在所有制、组织结构、管理目标、业务范围和运行机制等方面有诸多不同，但至少有三点共同之处：其一，都是经营存款货币的金融企业；其二，都有创造派生存款的能力；其三，服务对象都是社会公众。上海在着力开拓发展金融市场的同时，也积极鼓励专业银行进行业务交叉。而专业银行实行业务交叉后，会不会引起金融秩序混乱？龚浩成认为未必会发生这种情况，其中的关键是法规和监督。

伴随着金融开放的扩大，外资金融机构的进入，仿佛水池里忽然放入了一条鲇鱼，不仅国内金融机构之间，中外金融机构之间，外资金融机构之间也都存在着激烈的竞争。正是有了这种竞争，才更促使改革步伐的加快，业务领域不断拓展，服务质量得以提高。事实证明，上海银行业务交叉引起的竞争中不但没有引起金融秩序的混乱，反而促进了金融业务的发展。

在龚浩成眼中，长期以来，我国的专业银行在经营商业性融资业务的同时，承担了更多的政策性业务。随着市场经济的发展，专业银行政策性业务与经营性业务混合管理的弊端越来越明显，不但成为金融体制改革的焦点，而且成为中央银行进行宏观调控的难点。原因有三：一是两类业务混合必然导致专业银行的性质、职能、目标和责任的模糊；二是两类业务混合，专业银行不可能真正建立自主经营、自负盈亏、自求平衡、自担风险、自我约束和自我发展的经营机制；三是不利于中央银行宏观调控，例如中央银行的再贷款对专业银行政策性放款进行了重点倾斜和支持，但专业银行有时在地方的行政干预和自身局部利益的驱使下，把政策性资金用于发展地方工业，将硬缺口留给了中央银行，迫使中央银行扩大货币发行。

边思研边探索，金融改革"路线图"在龚浩成的脑海里渐渐浮现。专业银行向商业银行转化，是金融体制改革的内在要求，也是中央银行加强宏观调控的需要。他以更广阔的视角，从中央银行的宏观调控手段出发，对专业银行的机制转化进行了思考。他认为，中央银行要建立直接调控与间接调控相结合、逐步以间接调控为主的宏观调控体系和调控机制，其基础必须有发达和完善的金融市场，它们的主体应该是各类商业性金融组织，在这些组织中当然包括占全国金融资产绝大部分的各专业银行。

彼时，由于经济金融条件等客观原因，我国采取的主要调控手段还是直接控制，即以贷款计划为主，辅之以存款准备金和利率政策。贷款计划，首先是贷款总规模，它对货币政策中介目标即总量控制发生的作用很直接，操作也较简单。但是，龚浩成直言，这种方法刚性太强，缺乏严密的科学依据，因此难以完全符合全国各地的实际情况。其次是中央银行的再贷款，由于我国是发展中国家，资金短缺问题将长期存在，特别是在经济发展速度较快时更为突出，专业银行在执行信贷计划的同时，往往较多地依赖于中央银行的再贷款。在专业银行承担政策性业务的情况下，申请追加信贷规模和再贷款的依赖性就更为强烈了。同时在专业银行自我约束、自我发展机制尚未完善的情况下，即使中央银行提高存款准备金率和利率，其作用也不甚明显。

专业银行迈向商业银行，"敢问路在何方"

子曰："知者不惑，仁者不忧，勇者不惧。"尽管了解到采用直接控制确有不少弊端，但在当时还不能"戛然而止"。龚浩成分析，这是因为我国的专业银行普遍实行一级法人、三级管理的体制，企业化程度还很低，我国的金融市场还不发达，中央银行运用公开市场操作、再贴现等货币政策工具还存在一定困难，同时，各专业银行都承担着政策性金融业务和商业性金融业务，中央银行很难一下子通过控制专业银行资金来源来达到总量控制的目的。

透过金融市场"层峦叠嶂"，龚浩成不无清醒地意识到，之所以中央银行调控手段目前还是以直接控制为主，其中很重要的原因就是作为我国金融体系主体的专业银行还未真正成为商业银行，尽管如此，国家专业银行向国有商业银行转化和进一步发展现有的商业银行，无疑已经成为深化金融政策的"胜负手"。

那么，专业银行如何向商业银行转化呢？龚浩成说过，这既是一个很敏感的问题，又是一个系统工程，应当因时因地地有序推进。

从20世纪80年代到90年代初，上海市的经济金融改革取得一定成效，同时各专业银行几年来也做了大量工作。龚浩成总结了当时上海已经创造的一些有利条件。第一，中央已明确提出以浦东开发开放为龙头，带动长江沿岸城市的经济腾飞，尽快把上海建成国际经济、金融、贸易中心，并给予了相应的优惠政策；第二，上海当时已初步形成较完整的金融体系，不仅有中国人民银行、专业银行，还有众多的商业性银行，包括交通银行、中信实业银行、招商银行、浦东发展银行和外资、合资金融机构。它们的发展为专业银行的转化积累了重要的实践经验，特别是外资银行的进入使我们更多地了解到国外商业银行的管理和运作；第三，上海金融机构包括银行、保险、信托、证券、租赁、财务公司，城乡信用社等，将近2000家，金融服务渗透到经济生活的各个领域，业务交叉也已有了实践经验；第四，上海金融市场已形成一定规模，外汇调剂、资金拆借那几年来均居全国之首，尤其是证券市场发展迅猛，初步构成全国证券交易中心的格局；第五，上海具有较多的金融人才和较为完善的地方金融法规。

龚浩成曾经写过一篇文章，对上海各大专业银行向商业银行转化之"攻略"坦陈己见，他认为首先应大力发展现有的商业银行，使其真正按照商业银行通用的原则和要求进行经营和管理，中国人民银行亦应按照管理商业银行的办法进行调控和监管，为专业银行向商业银行的转化积累经验；其次在浦东和宝山区银行业务全面交叉的基础上，逐步放宽全面交叉区域，同时扩大信贷资金比例管理的范围；再次可以选择一些有条件的专业银行分支机构进行政策性业务和商业性业务分账管理试点，在取得经验后逐步推广。当然，这里面有两个问题必须解决：一为界定政策性贷款的含义，政策性贷款应该是用于国家产业政策倾斜的重点工程建设资金、中长期项目投资以及政策性收购储备资金，这些贷款一般是通过国家指令性计划下达和投放的，而一些用于投放亏损企业的贷款，则不应列为政策性贷款。二为清理政策性贷款之存量情况，对相当一部分名存实亡的坏账贷款，有些可以随着企业机制的转换而转为一部分股权或长期债券，有些可以从企业变卖的资产中得到部分偿还；对那些长期资不抵债、扭亏无望的企业贷款，根据企业性质干脆由各级财政进行一次性核销，使银行和企业都放下包袱，轻装上阵。

至于成立政策性银行，专门办理国家指令性投放的贷款业务，包括中央银行的专项贷款，这一点不仅经济界、金融界已达成共识，而且国家有关部门也有初步设想，如成立专门的开发银行、进出口信贷银行、农业信贷银行、长期投资银行等。龚浩成对此提出，政策性银行的成立，是专业银行商业化经营的必要条件。政策性银行是办理为保证国民经济顺利发展而需由国家指令投放方向的利率水平低于基准利率的贷款的银行，因此其资金来源原则上应当由中央银行和财政部门提供。

中央银行和专业银行都要"换脑子""闯路子"

断了"皇粮",换了"角色",前路并不好走。卸去政策性业务后的专业银行,同时也失去了过去所拥有的政策性特权,完全和其他商业银行一样参与市场竞争,这就迫使专业银行必须转换其原有机制、改变其原有管理方式和经营目标,而操作路径怎么走?

龚浩成提出了他的"三部曲"设想:首先,要改变现有按行政区划和行政机关设置机构的模式,采取董事会领导下的行长(总经理)负责制,并以股份制形式明确产权关系,筹集足够的资本金,按商业银行机制重新塑造机制,全面实行资产负债比例管理,严格按巴塞尔协议规定的资本充足率办理。其次,要全方位开拓业务,不断增加新的金融工具,为客户提供优良的综合性金融服务,强调银行资产的流动性、安全性和盈利性,以追求利润最大化为经营目标。再次,按商业银行原则,建立完善的内部控制制度和内部激励机制,最大限度地保证资产的安全并调动员工的工作积极性。

中央银行的"手电筒"不仅要照亮专业银行前行之路,还要探照自身的改革之路。龚浩成提出,中国人民银行的体制和职能也应有相应的转变。一是要改变以行政区域设置机构的传统模式,趋向按经济区域来设置机构,以减少地方政府的行政干预,增强中国人民银行执行货币政策目标的独立性;二是改变现行省以下中国人民银行利润留成制度,使人民银行分行没有利益上的冲动,恢复中央银行的本性,专心致志地贯彻执行货币政策；三是加强金融立法和稽核监管，国家应尽快制定颁布诸如银行法、中央银行法、商业银行法、保险法等一系列基本金融法规，在这些法规尚未出台之前，上海可尽早研究制定相应的地方性管理法规，以适应商业银行的发展和专业银行的转化，同时要充实稽核队伍，强化中央银行稽核职能；四是中央银行调控要逐步实现市场化。

展望金融改革的下一步，作为中国人民银行上海分行的当家人，龚浩成推论，成立政策性银行和专业银行转化为商业性银行后，我国的金融体系主体就是商业银行，这也是中央银行改善宏观调控的基础。此时，中央银行实施以间接调控为主的条件亦已相对成熟，因此，他建议应当积极探索市场化政策工具的运用，并提出了三个方面的探索方向：

其一，加强和完善存款准备金制度。根据存款种类、期限，金融机构的不同，规定不同的准备金率，扩大存款准备金的适用范围，包括一切金融机构，信用社存款准备金也应交存中国人民银行，增强金融调控的力度。

其二，发挥利率杠杆作用。中央银行在管理基准利率基础上，逐步放松对利率的管理，并通过基准利率的浮动和再贷款数量的变化，反映中央银行的意愿，影响资金市场的价格，达到调控银根松紧，调剂资金余缺。

其三，探索公开市场操作。专业银行既然转化成商业银行，其原来资产中的相当一部分应当是流动性大、风险性小的债券。因此，国家可以发行一些短期国债，中央银行可以发行短期金融债券，由各商业银行购买，一方面可以增加财政和中央银行的资金来源，另一方面商业银行也将其作为安全性大、风险小的资产，更主要的是中央银行可以在市场上通过买卖短期债券，尝试公开市场的操作，吞吐市场资金，达到调节货币供应量之目的。

在龚浩成的构想里，专业银行向商业银行的转化是一个渐进的过程，在这个转化过程中，必定会有很多困难和问题，需要在实践中加以解决，但是他坚信这个过程将会愈来愈短，因为这是深化金融改革的必然趋势，同发展社会主义市场经济的要求也是相吻合的。

问银行借钱，让沪上人家由"蜗居"变"安居"

金融职能交叉融合，银行新品如何"上架"，业务藩篱怎样"破圈"？龚浩成陷入了冥思苦想。从"破题"到"解题"，往往需要不走寻常之路，龚浩成把目光投向了困扰沪上百姓几代人的"蜗居"问题。

那个年代，买房是工薪阶层做梦也不敢想的事情，银行按揭更是市民生活字典里从未收录过的新鲜名词。

想想实在可怜，20世纪90年代初，上海的人均住房面积不足7平方米。借改革开放的东风，申城动手探索新的住房制度，鼓励企业建房分配，但依然存在100万平方米的住房缺口，所需资金达8个亿。僧

　　1990年上海政府相关部门走上街头宣传住房改革，由此催生银行
住房贷款业务

多粥少，步态蹒跚，哪能办？1990年，时任市委书记的朱镕基带队前往新加坡考察学习取回"真经"，龚浩成参与讨论起草了《上海市住房制度改革实施方案》，其核心内容可概括为："推行公积金，提租发补贴，配房买债券，买房给优惠，建立房委会。"

可不能小看这几个关键词，此举彻底扭转了解决市民居住困难这一"天字号"难题的固有思维，不仅有望迅速集聚资金填补住房建设的窟窿，也为普通百姓购房提供了可能。1991年5月，经国务院批准，上海市公积金中心在延安东路2号应运而生，朱镕基带头认购了公积金中心发行的第1号住房债券。

"大河有水小河满。"龚浩成倾力推动金融政策尽快落地，人行给予相关受理银行一路"绿灯"。翌年5月，受市公积金管理中心委托，中国建设银行上海分行向4名缴付住房公积金的申请人发放了全国第一批政策性个人住房公积金贷款。这是一份为期10年，总额11000元的贷款合同，利率按月约定。作为类似于长期储蓄的保障机制，公积金制度一解"大庇天下寒士"的燃眉之急，也极大推动了后续房地产市场的形成和兴起。

个人住房公积金贷款出师告捷，个人住房商业性贷款蓄势待发。1993年初春，有位"海龟"孙女士回国后看中了一套86平方米的新宅，可令她左右为难的是，既想构筑温暖的新居，又要留下足够的资金创办实业，手头的现款却捉襟见肘。好在国内的建设银行刚将住房"按揭"摆进了"金融货架"里，委实帮了孙女士一个大忙。同年9

月28日，在全国首笔个人住房商业性贷款签约仪式上，这份5年期11万元的贷款合同，让孙女士与建行上海分行同时成为"吃螃蟹第一人"。第二天清早，几乎所有媒体都以"按揭走进上海"为题，报道了这一具有深远影响的金融事件。"按揭"这一新名词也在一夜之间不胫而走，以迅雷不及掩耳之势传遍千家万户。至此，上海的商品房抵押贷款市场正式启动。从"公有"到"私有"，买房的观念逐渐在人们心中形成。至1994年，全上海约有一半的公房被购买，推进住房商品化水到渠成。龚浩成看在眼里，喜在心里。

与市场主体的日新月异相映照，住房贷款品种也在不断的迭代创新中呈现出百花齐放的格局。各家银行百舸争流，纷纷涉足房地产金融领域，服务种类及方式不胜枚举：住房储蓄贷款，住房基金合作贷款，个人置换住房贷款，住房装修组合贷款，个人商铺贷款，外地人士购房贷款……随后，为激活二手房市场，推出了个人住房再按揭贷款，满足了申请人"喜新不厌旧"的多样化购房需求；针对部分借款人因受年龄限制，贷款期限较短的问题，又出台了个人住房接力贷款，使一家两代人能延续还款，大大延长了还款期限。金融机构争先恐后相互"较劲"，服务举措"花样"翻新，受益者当然是渴望获得"阳光雨露"的老百姓了。

依托银行贷款襄助，上海人的购房能力迅速提高，居住环境大幅改善焕然一新，从人均住房面积不到7平方米，提升到2022年的39.7平方米。好似清泉又如同暖流，住房贷款的市场能量，已经深深地浸染到人们的幸福生活之中。

三、春江水暖鸭先知：首家股份制银行破土而出

"潮平两岸阔，风正一帆悬。"1984年底，金融体制改革和改造振兴上海的双重使命相叠加，使得"设立一个综合性银行，属于全国性专业银行序列"的创想被提出，并获得国务院批准通过。龚浩成回忆道，设立一家新银行，与专业银行交叉竞争，这一构想在当时来说是匪夷所思的，因为这家新设立的银行势必打破专业银行"各霸一方"的现有格局，专业银行之抵触情绪可想而知，但国务院和中国人民银行有决心推进改革。中国人民银行之前花了很大力气进行企业化经营试验，但要把行政管理的官办银行转变为企业经营的商业银行，难度很大。四大国有商业银行自身改革动力不足的弊端凸显后，中国人民银行转而寻求外部突破口，即"建一批新型的、小规模的、真正的商业银行"，而拉开这一序幕的正是重新组建交通银行（称简"交行"）。

龚浩成对近代中国金融历史熟稔于心，深知昔日交通银行的"前世今生"。清末历史变革的前夜，中国人白手起家自办银行，但势单力薄，无法与外资银行分庭抗礼。外资银行不仅攫取了中国铁路的筑路权，还通过赔款的清偿，控制了中国的关税收入；又借助进出口贸易，垄断了国际汇兑，成为中国金融业的主宰。为此，发展中国自身银行业，"集资设立，以期不外溢利权"，成为当时朝野的呼声。洋

务派重臣——清朝邮传部大臣盛宣怀在奏文中指出："臣部所管轮、路、电、邮四政，总以振兴实业，挽回利权为宗旨，设立银行，官商合办，名曰交通银行。"主事者希望以银行为枢纽，使轮船、铁路、电报、邮政四大事业单位互为交融，从而集中头寸，灵活调度，并通过发行股票、债券筹措资金，发展交通事业；又取"交通"二字交叉贯通，引申兴旺发达之义。果不其然，在交行早年发行的纸币上，确能看到火车轮船的图案。

于是，1908年3月4日，慈禧太后批准的官商合办银行——交通银行挂牌成立。其中，官股占四成，商股占六成，总资本为1000万两白银。它从创建伊始，即以股份有限公司性质的商业银行面目出现，经营模式可谓开创中国本土银行之先河，其规模和地位仅次于大清银行（中央银行）。

由于交行第一任总理经营不善，又遭遇橡皮股票风潮，给银行带来极大损失。尽管开局不利，但经历了大清王朝、北洋军阀和国民政府时期的交通银行，伴着火车轮船的鸣笛声，栉风沐雨，砥砺前行，于磕磕绊绊中创下诸多"第一"，在近代中国金融史上占据重要的地位。1928年，国民政府颁布了《交通银行条例》，特许交通银行为"发展全国实业之银行"；1935年，国民政府形成了"四行两局"的核心金融体系，其中就包括交通银行。中华人民共和国成立以后，自1958年开始，交行在内地的业务，分别并入中国人民银行和中国人民建设银行。"交通银行"这块招牌，由此被尘封了将近30个年头……

重新擦亮"交通银行"的金字招牌

说了算，定了干。1986年，中央决定改革开放的进程进一步加快，同年6月，由上海市政府和中国人民银行联合向国务院上报《关于要求正式批准重新组建交通银行的通知》。仅仅过了三个月，国务院批准重新组建交通银行。

当时，全国还没有一家股份制银行，除了"工农中建"四大行以外，全国也还没有第五家银行，如果上海能创办一个全国性的股份制商业银行，是非常具有里程碑意义的，无论如何都要抓住这个机遇。龚浩成是这么想的，也是这么做的。他还记得一些当年的组建人员，组长是时任上海市政府副秘书长、前上海市财政局局长顾树桢（1919–2023）。还有一些成员，包括时任财政局副局长余瑾，也留任交通银行，以及上海市财政贸易委员会办公室副主任、原工商银行静安区办事处主任陈恒平。作为中国人民银行上海市分行的代表，龚浩成积极投身组建工作。

案牍劳形，一系列筹建工作紧锣密鼓地推进之中：1987年2月，中国人民银行发出《关于贯彻执行国务院〈关于重新组建交通银行〉的通知》；3月，交通银行重新组建后召开了第一次董事会议，通过了《交通银行章程》、招股简章、董事会及监事会人员机构设置意见及行徽图案说明，提出了交通银行近期业务发展的设想。4月，交通银行作为首家股份制商业银行在上海隆重开业，其南迁与复业标志着终于有了总部设在上海的银行。同时，股份制银行的建立与发展打破了计划经济体制下国家专业银行的垄断局面，逐步形成了适应社会主义市场经济要求的多层次、多类型的金融机构组织体系新格局，有利于营造多种金融机构分工合作、功能互补、平等竞争的金融服务体系。

龚浩成清楚记得，在筹建过程中遇到的首要问题就是：襁褓中的这家银行叫什么名号？当时决策层只是让组建一个银行，并没有具体指定。龚浩成等组建人员比较倾向取名"交通银行"。20世纪20年代开始，上海已然跃居远东金融中心，民国时期政府的金融体制由"四行二局一库"构成，四行指"中中交农"，两"中"为中央银行、中国银行，"交"为交通银行，"农"为中国农民银行；"两局"系中央信托局、中央邮政储金汇业局，"一库"是中央金库。

然而，若是命名为"交通银行"则存在一大障碍：中国台湾地区有交通银行，因为国民党政权撤退的时候把交通银行撤到台湾而且一直在运营；香港也有交通银行，那时虽然没有对香港恢复行使主权，可那里始终是我国的领土，由中国银行下属的中银集团管理。那么，到底可不可以重新启用"交通银行"这一行名，会不会引起其他纠纷？当时组建的同志都没有经验，于是就决定到香港跑一趟，咨询一下新华社香港分社的意见。龚浩成一行风尘仆仆跨越香江，请教了时任新华社香港分社副社长李储文。他是从上海去香港赴任的，以前做过基督教青年会圣约翰大学的学生工作，后曾任上海杉达学院董事

1987年，交通银行举办由京迁沪暨上海分行开业招待会

长。李储文当即表示："当然可以叫交通银行，假如台湾方面有意见，就迫使他们主动来找我们协商谈判，如果他们没有反应就照叫不误，能够有这种机遇就要抓住，我们设立的是正宗的交通银行。"

就这样一锤定音，当组建筹备小组把李储文的意见转达上海市政府，市政府一路绿灯予以通过。龚浩成认为，命名为"交通银行"最大的好处，就是不需要重起炉灶新设一家银行，因为新中国成立前交行就已经存在，而且它是那时的国家银行、发钞银行，新中国成立后也没有撤销，虽然暂时没有营业也没有了机构，但它的招牌和营业执照都保存在中国人民银行的仓库里。所以，交通银行从运筹帷幄到闪亮登场，不是重新建立而是恢复，即恢复交通银行在内地的业务。

　　1987年交通银行重建之初，上海市政府选定了江西中路200号的这幢历史保护建筑作为交行办公地

　　　　　　　　　　　　　　　　　　流金年代——龚浩成传

行名敲定，行址如何解决？交通银行选址时看中了位于江西中路200号（原金城银行）的金城大楼，这幢大楼由我国第一代建筑师设计，也是华人开设银行的建筑中最为讲究的一座。上海市政府对交行筹建极为重视，时任副市长阮崇武带领龚浩成等人前往现场勘察，果断拍板确定大楼作为交行的办公场所。其时该大楼由市财办下属的一家饭店租用，市财办领导听说后非常支持，立即腾出房屋，交付银行进驻。

"退一步，进两步"，列宁著作里读来的好方法

交通银行刚成立，经营管理千头万绪，遇到了诸多问题。由于当年资金仍旧切块管制，江苏的资金不能到上海，上海的资金不能到浙江，这成了钳制交通银行发展的一块"绊脚石"。当时的指导思想已明确，交通银行不能只办在上海，上海要恢复全国金融中心的地位，要把交通银行办到全国各地去。

龚浩成苦苦思索，如何将交通银行的招牌打遍神州大地？金融改革要适合中国国情，生搬硬套，于事无补。为此，他召集一班人"头脑风暴"，提出了一个超出常规又适合国情的方法，即"二级法人制度"。所谓"二级法人"，总行是一个法人，分行又是一个法人，看似有些行不通。但是，当年建立二级法人制度的好处显而易见，比如，江苏省分行成为一个独立法人，江苏省的积极性就调动起来了，作为独立法人单位，总行不能随意干涉，没有权力随意把资金调走。

倘若不是独立法人，江苏省的同志就会担心，好不容易拿出钱来组建江苏分行，要是不出几天就把资金调到上海了，我们江苏分行怎么办？而将省分行作为独立法人，就能有效激发各地主观能动性，作为独立的法人，便拥有独立的权利，就是上海总行也不能随意把资金调走。所以，依靠二级法人制度的独特优势，交通银行犹如"星火燎原"，在组建后的一年左右时间就把机构遍设全国。

不过，"二级法人制度"在当时也存在争议。一些参与筹办的同志并不认同，觉得从制度上讲，二级法人制度不是好办法，应当是一级法人。而龚浩成提出了相反的观点，他回想起青年时代读"马克思主义基础"这门课时阅读过列宁的政治著作《退一步，进两步》，认为设立二级法人制度正是"退一步，进两步"，"退一步"是从一级法人制度退到二级法人，"进两步"是资金打破了现有的局面，不存在地区管资金的障碍，积极性就是这么调动起来的，这种做法正是考虑了当时的国情。龚浩成认为，假如硬要按一级法人来实施，保守来讲，交通银行的建设至少要推迟五年。当资金情况得到改善后，取消二级法人，也就一马平川，毫无阻力了。事实上，二级法人制度沿用至20世纪90年代，至少持续了七八年的时间。这个案例说明了上海组建交通银行，既满足了工作实际的需要，又适合我国的国情，而不总是照搬照抄外国银行业的制度。

龚浩成一直在思忖交通银行的特点。作为全国性的银行，交通银行总行有一部分是财政投资的，另外相当大的一部分是上海的市政府和企业投资的，各省份则是由各省财政和企业投资的，所以它不像"工农中建"四大国有商业银行那样由财政部直接划拨资金，既不是国家商业银行，又不是国家专业银行，而是股份制商业银行。

海阔凭鱼跃，天高任鸟飞。"穿新鞋、走新路"的交通银行在发展过程中创造了多项全国第一，资金管理、存贷款管理等一系列的变化都走在前列。交通银行打破了单一国家银行制度的苏联模式，建立起以中央银行为领导、国家银行为主体，多种金融机构并存、分工协作的社会主义金融体系；打破了集中信用于国家银行的陈旧观念，开放了多种融资渠道和多种信用方式；打破了把银行的地位和作用局限于信贷、现金、结算三大中心的观念，在全国率先实行存贷差额管理，发挥银行在社会主义生产、流通、分配、消费领域中的重大作用；打破了按行政区划设置机构的做法，开创了按经济区域设置机构的新格局；打破了受专业限制的"四龙治水"的局面，开创了业务适当交叉、开展竞争的新局面；打破了闭关自守的陈旧观念，积极向外开拓银行业务，体现了要办成"真正的银行"的决心……

每每提到这些，龚浩成倍感欣慰。

按照当年的情况，金融机构的总行不可能设在上海。"工农中建"作为四大国有商业银行，是国务院的直属机构，要统管全国，不能都往上海跑。但是，申城要恢复金融中心的地位，连一家大型银行的总部都没有，怎么能成为全国金融中心？交通银行总行最终圆满落"沪"，对上海建设全国金融中心有着特殊的重要意义。

重新组建后的交行身兼双重历史使命，既是百年民族金融品牌的传承者，又是中国金融体制改革的先行者，犹如它最早的行徽图案里缓缓驶动的火车轮船，耳听鸣笛声声，披星戴月，勇往直前……

四、早有蜻蜓立上头：从城市信用合作社到城市商业银行

在改革开放的和煦春风的吹拂下，城镇集体经济和个体工商户如雨后春笋般蓬勃发展，商品流通渠道扩大，市场交易活跃，货币收支频繁，银行业务骤增，一时出现了城镇集体企业和个体经济户在银行开户难、贷款难、存款难、结算难的问题。在此背景下，20世纪80年代中期以来，为城市私营、个体经济乃至中小企业提供金融服务的城市信用社迅速崛起。尤其在1986至1988年这三年中，城市信用社的数量呈现爆发式的增长。然而，"拔出萝卜带出泥"，也正是在这三年的大发展中，城市信用社机构设置不合理、经营管理不规范等一系列弊病显露无余。

龚浩成常说，要恢复金融中心地位，上海应当具备多层次的金融服务市场体系，城市信用社放款形式灵活，能够契合小微企业和社区居民借款期限短、需求急、频率高等融资特点，而这些恰恰是银行不愿"放下身段"去受理的，城市信用社有其存在的必要性。

"除了银行，其他机构都可以办信用社"

"两小经济"方兴未艾，个体户遇到融资困难，欲向银行借款，

连门槛都找不着，而"平易近人"的城市信用社则为他们洒下纾困解难的"及时雨"。早期城市信用社主要开办在街道、社区，主要是为解决中小企业融资难的问题，龚浩成当时了解到，在国内，辽宁沈阳以及河南周口店地区等地都先后成立了城市信用社，由此看来，上海通过办城市信用社解决这个问题是可行的。

不过，他面临的一个问题是，谁来办城市信用社？那个年代，全国的信用社都是由银行办，以中国人民银行、工商银行为主的银行来组建城市信用社。然而，中国人民银行上海市分行并不同意这种组建方案，认为中国人民银行和商业银行组建城市信用社不利于其日后的发展，原因有二：其一，中国人民银行是监管单位，负责金融行业的全部监管工作，由监管单位自己去经营信用社，既是"裁判员"又是"运动员"，这显然是行不通的；其二，不赞成工商银行等商业银行开办信用社是为了防止利益冲突。如果工商银行办了一个城市信用社，由于城市信用社属于集体所有制，获得的利润可以用于解决福利问题，而国有商业银行是国家所有制，信用社的规模远远小于工商银行，这样很可能导致把资产质量好的贷款让城市信用社去放，贷款发生的坏账可能性较低，而把资产质量差的交给国有商业银行，最终容易造成差异化待遇。

就开办信用社的主体问题，龚浩成的观点相当鲜明："除了银行不能办信用社，其他都可以办，就算是上海市总工会也可以办，这体现出监管与经营分离的市场原则。"

龚浩成未曾忘记，当初有关部门谋划要开办多少城市信用社的时候，他认为上海这样的大城市，办100家也不算多。果不其然，恍若一夜之间，申城大街小巷的城市信用合作社，遍地探出脑袋来。屈指一数，上海先后开办了99家城市信用社，民间称为"99朵玫瑰"，其资金总量相当于一家大型银行。这些城市信用社均为独立法人，没有一家是由银行直接办的。刚开始时，城市信用社数量不多，可以各自为政。但随着时间的推移，城市信用社业务一路高歌猛进，数量越办越多，仍然各行其是，显然不利于稳健经营、可持续发展，在相关的业务规章制度方面都需要达成一致。在经济形势的催生下，上海市城市信用合作社联社呼之欲出。

　　1990年5月，经人行上海市分行批准，上海市城市信用合作社（简称"市联社"）联社筹备小组成立，同年7月，人行上海市分行向中国人民银行上报《关于试办上海市城市信用合作社联社的请示》。年底，中国人民银行批复同意成立上海市城市信用合作社联社。1991年11月25日，当龚浩成参加上海市城市信用合作社联社成立大会并为之揭牌的那一刻，他仿佛看到了"99朵玫瑰"群芳争艳的璀璨前景。

"99朵玫瑰"集束成姹紫嫣红"鲜花港"

　　龚浩成的希冀很快变成了现实。上海市城市信用合作社联社成立后，立即统一并革新了规章制度，探索合作关系，搭建交流纽带与通汇渠道，加强各类基础建设，具备了不俗的实力，甚至还参与了东方明珠电视塔的银团贷款。其时，沪上金融界的"小弟弟"上海城市信用联社虽然尚未开办外汇业务，但竭力跻身银团"分得一杯羹"，参与了2000万元的"东方明珠"人民币银团贷款，这笔款项还是由30多家城市信用社凑齐份额的，成为一段融资佳话。

所谓"集腋成裘，聚沙成塔"，从一家信用社来看，能借出的资金很有限，但从信用联社看，却是"众人拾柴火焰高"，而且可使资金不足和风险较集中的问题迎刃而解。上海市城市信用合作社联社的横空出世，促成了城市信用合作社的业务快步发展，得以迅速融通资金，为上海市20万户集体企业和个体工商户提供优质金融服务，促进上海多种经济成分的发展，繁荣上海金融市场；其埠际通汇为几万户外地客商提供金融服务，起到沟通横向经济的纽带作用。全市共有城市信用合作社99家，营业网点232个。同时，市联社的成立与发展，也为日后转制成立上海银行铺平了道路。

1995年，中国金融业进行了严格的整顿，信用社与银行应当脱钩，证券公司与银行也要脱钩，拆借资金同样要整顿。国家同时决定在一些经济发达城市，以合并重组城市信用社为基础，通过吸收地方财政、企业资金方式试办城市合作银行，上海被列入第一批试点城市。龚浩成自豪地回忆，当时各方面的整顿上海没有碰到一点问题，因为他们事先坚持监管和经营分离的市场原则，实质上已经解决了这些问题。

当然，"99朵玫瑰"分属各个系统和不同分管部门，财务经营状况参差不齐，从"乌纱帽"到"工资帽"，林林总总，千头万绪，要将其捏合起来绝非一桩易事。不过在龚浩成看来，只有将"小舢板"联成"航空母舰"，才能扬帆起航，行稳致远，抵御市场经济的大风大浪。

1995年12月29日，上海城市合作银行横空出世。

值得一记的是，后来人民银行要求各地城市合作银行统一更名为"某某市商业银行"，但对于上海来说却是一道难题。因为历史沿革因素，中国香港、台湾地区都有上海商业银行，且与上海城市合作银行之间存在一定的业务关系，倘若上海也称"上海商业银行"，很容易引起混淆。时任央行行长戴相龙听了汇报后，灵机一动："索性删繁就简，叫上海银行如何？"这样，银行名称越来越简约，但上海银行栽植的事业大树却枝繁叶茂，欣欣向荣，在发展年轮里镌刻下无数个"第一"：第一家实行"一级法人、两级经营"模式的城市商业银行，第一家吸纳外资的内地银行，第一家参与社会化发放养老金的银行，第一家建立中小企业服务中心的银行……已然成为申城金融业一支不容忽视的力量。

"积跬步，至千里；积小流，成江海。"龚浩成对此十分感慨。银行业改革是金融改革的主线，没有银行业改革充当"排头兵"，其他一系列金融改革根本无法推进。1993至1995年这段时期，金融体系的变化很大，就银行体系方面，不仅是国有商业银行、股份制商业银

1995年12月29日，上海城市合作银行揭牌仪式在友谊会堂举行

行，还包括一大批其他形式的商业银行乃至大量外资都参与进来，招商、光大、中信、福建兴业、民生、华夏等银行相继"落沪"，在中央支持下浦东发展银行成立，各地城市商业银行、农村商业银行也纷纷在上海设立分行。春华秋实，经过多年的金融体制改革，我国的金融体系已经呈现"万紫千红总是春"的瑰丽景象。

[龚浩成金融断想录]

岁月流金，往事如烟。1990年，龚浩成回顾了过去十年上海的金融体制改革，其中的重要成就之一就是打破了单一国家银行制度的苏联模式，建立并逐步完善有中国特色的社会主义金融体系。单一国家银行制度的苏联模式，长期困扰着我国的金融体制改革。从1980到

1990年的十年间，这种模式被逐步打破，中央银行理论得到了发展，为建立以中央银行为领导、国家银行为主体、多种金融机构并存、分工协作的社会主义金融体系奠定了理论基础，使我国的金融事业走向了欣欣向荣的发展道路。

龚浩成将十年来上海新设立的多种类型的金融机构以及不断改革的原机构分为五个层次：第一层次，行使地区中央银行职能的中国人民银行上海市分行，它在业务上领导各金融机构，并在宏观调控、统筹安排资金等方面起着日益重要的作用。第二层次，工商、农业、中国、建设、交通和中信实业六家国家银行，前四家为专业银行，各自有所分工，但开始实行适当的业务交叉。后两家为综合性银行，交通银行按照市场机制的要求组织资金和运用资金，发挥多种作用，中信实业银行则进行批发业务。第三层次，面向集体企业和个体经济的城乡信用合作社，有四十多家城市信用合作社和二百多家农村信用合作社，它们坚持了自主经营、独立核算、自负盈亏、自担风险的原则，对国家银行起拾遗补缺的作用。第四层次，一大批非银行金融机构，包括保险公司、投资信托公司、租赁公司、证券公司、财务公司、融资中心、外汇调剂中心等，并设有为证券发行服务的资信评估公司，它们从不同角度适当满足了社会各阶层对融通资金、加强服务等各种各样的需要。最后，上海还有汇丰、渣打、东亚、华侨四家外资银行的分行和35家外资银行和证券公司的办事处，它们在沟通上海和国外的经济联系，引进外资方面起到了良好的作用。在这五个层次之中，上海本地银行业的制度改革独据其三。

作为金融改革的排头兵，龚浩成不仅亲身参与、见证了银行业改革的过程，也在不断思考如何构建整体金融机制的新理论和新制度。他指出，在以往高度集中的计划体制下，国家银行只具有信贷、结算、现金出纳三大中心的职能，因此，金融部门在社会主义建设中的地位和作用未得到充分的发展。而在有计划商品经济条件下，明确了金融部门对国家经济具有宏观调控作用，通过对全社会的资金总量控制和结构调节，促进国民经济持续、稳定、协调地发展。从这一点出发，在宏观调控理论上，他认为应当逐步建立起由直接控制转向间接控制，由主要用行政手段转向经济、法律和行政手段相结合，由单一的计划转向计划与市场相结合的宏观调控体系，并综合运用信贷、利率、汇率、准备金、再贴现等多种政策手段，为建立灵活有效的、调节自如的金融调节体系奠定理论基础。

龚浩成所在的中国人民银行上海市分行根据总行的要求，从两个方面进行宏观调控：一手抓总量控制，一手抓结构调节，两方面调控的有效结合，保证货币政策目标的贯彻执行。龚浩成首先分析了总量控制，他指出现阶段总量控制的中介目标有两个，一个是贷款总规模，他认为这起到主导作用，另一个是货币发行量，主要指现金发行量。两者是相互联系的，控制贷款总规模为控制现金发行打下了基础，从一定程度上讲，贷款作为操作工具是主动的，而现金发行相对是被动的，企业和个人只要在银行有存款，转化为现金就具有主动权。因此，中央银行控制贷款总规模直接控制了企业在银行的债权，从而间接控制存款向现金转化。制定现金发行计划为制定贷款总规模提供依据，现金发行计划的制定决定了中央银行及整个金融系统资金与负债的对应量，在存款准备金制度下，可以测算贷款总规模限额，所以现金发行计划是制定贷款总规模的重要依据。

在此基础上，龚浩成阐述了总量控制方面两项最为有效的政策工具，一是信贷计划，二是中央银行再贷款。关于信贷计划，它通过编制、下达、执行、监控来操作运用，它对货币政策中介目标发生的作用较直接，操作较简单，效果也较好。信贷计划是一个综合体系，分为四个层次。第一层是国家综合信贷计划，是主导，它包括所有银行信贷资金来源和运用，并与国民经济发展计划相适应。第二层为中央银行信贷计划，是核心，决定货币发行量和中央银行再贷款。第三层是专业银行信贷计划，是基础，它直接决定银行对社会信贷总量，是信贷计划执行的主要目标。以上三个层次是一个有机完整富有效率的体系。第四层是社会综合信用规划，是一种补充，包括各类非银行金融机构信用计划，社会集资，利用外资等。说它是补充，是指社会综合信用规划应达到怎样水平才符合货币政策目标，目前还没有严格的理论模型，处于探索之中。关于中央银行的贷款工具，由总行决定贷款量，通过各分行来执行，其主要功能是年度内进行适时调节。因为信贷计划属年度指标，金融机构执行这一计划在很大程度上取决于资金多少，即可贷资金来源。由于我国是发展中国家，资金短缺，金融机构依赖于中央银行，因此，再贷款成了年度内计划执行的主要启动杠杆。

在分析总量控制的同时，龚浩成进而研究了结构调节问题。结构调节是指通过信贷政策和利率政策，改变信贷资金来源与运用的结构，从而调节社会经济结构，它在宏观调控中具有重要意义。首先，我国经济所有制性质和计划商品经济体制决定了资源配置，经济结构调整不可能完全通过市场机制来实现，宏观金融结构调节就成为一个重要手段。其次，结构调节可以起到总量调控起不到的作用，例如，在抽紧银根时，严格控制货币供应量和贷款规模，对经济的发展会起限制作用，怎样在总量控制的前提下，进行重点支持，尤其是保护和支持骨干企业呢？关键在于依靠信贷政策和利率政策进行结构调节。

"创新敢为天下先"。龚浩成深厚的学术背景和理论素养为他对银行制度改革的深刻认识奠定了基础，在充分地认识到要发挥国家银行筹集和运用资金的主渠道作用、把控宏观调控方向的基础上，在中央的支持下，他敢于推动率先打破银行经营领域的条条框框。在他的领衔与支持之下，上海金融业界勇于探索、锐意进取，为金融领域的全面变革创造了条件。

第二篇章

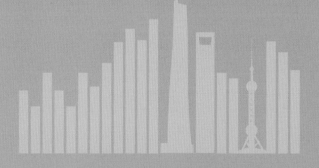

筚路蓝缕，以启山林

上海证券市场筹建的开创者

　　股市有风险，投资要谨慎，要始终以这个理念来劝导股民。但证券交易中的投机同赌博毕竟是有区别的。证券买卖是一种机会的选择，要对政治、经济、社会等形势以及企业的经营情况进行恰如其分的分析，做出正确的判断。龚浩成列举了在1991年海湾战争中股市的变化无常，那时有人赚了钱，有人赔了本，关键就在于分析和判断，也就是说，要正确选择机会。而他对比认为赌博就是另一回事了，"从来没有听到麻将桌上也要分析政治经济形势"。而站在监管者的角度，龚浩成特别指出，在证券市场上，没有投机，也就没有投资，监管者的任务是抑制和防止过度投机，引导理性投资。

龚浩成担任中国人民银行上海市分行行长的时候，正是改革开放后中国金融业焕发新生的年代，神州激荡，石破天惊，以龚浩成为代表的改革开创者用一砖一瓦垒起了初生的中国金融资本市场，为国家的经济发展开辟了一条充满挑战与机遇的全新道路。

　　资本市场是金融市场的一部分，是谓证券融资和经营一年以上中长期资金借贷的金融市场，包括股票市场、债券市场、基金市场和中长期信贷市场等，其融通的资金主要作为扩大再生产的资本使用，因此称为资本市场。

　　执教上海财经学院时，龚浩成于"传道授业解惑"中推陈出新，喜欢讲最新鲜的问题。当时中央已经提出社会主义市场经济问题，金融市场是课件的重要内容，其中资本市场是绕不过的话题。龚浩成不惧舆论大潮，用了半天课时介绍资本市场的理论和现状，学生们第一次听到关于股票买卖、做空、做多等证券知识，耳目一新，反响极好。作为一名研究者，龚浩成博学多闻，不拘于当时的社会经济体制，紧跟时事，对于资本市场具有深入详实的了解与思考，他明确地提出，建设好、发展好金融市场并不是指多成立一家银行或是少成立一家银行，而是事关金融市场以及资本市场整体宏观发展的问题。

自近代以来，资本市场的建设是我国经济发展过程中的重要问题，实际上，中国的资本市场，特别是上海的金融市场由来已久。早在1891年，一些外国商人就在上海成立了"上海股份公所"，经营外商股票买卖。1914年，上海股票商业公会成立，附设证券买卖市场，开始具有证券交易所的性质；同年，北洋政府颁布了中国第一个证券交易法规《证券交易法》，这是证券行业立法的里程碑。1920年，由孙中山等人发起成立了"上海证券物品交易所"，翌年，原上海股票商业公会改组为后世闻名的上海华商证券交易所，作为上海第一家华人开设的证券交易所，它标志着上海证券市场的兴起，作为远东经济金融中心，旧上海的证券业红极一时。1946年国民政府重组的上海证券交易所成了全国唯一的证券交易所。

中华人民共和国成立以后的近三十年中，实行高度集中的计划经济，取消了多种信用工具，取消了商业信用，代之以物资的垂直分配，资金的纵向调拨，集中一切信用于国家银行，不仅使生产企业失去了自主经营权，还使多种金融机构合并成大一统的中国人民银行。单一的计划管理方式和直接控制手段及单纯的银行信用形式，使上海金融市场和金融中心的地位及作用随之消失。

1978年12月，党的十一届三中全会决定把党的工作重心转移到经济建设上来，由此揭开了中国经济体制改革的序幕。春风化雨，万象更新，建设资本市场被提上议程，金融体制的改革，要求建立以间接金融为主、直接金融为辅的多种融资渠道。业界普遍的观点认为，

1990年12月19日上海证券交易所成立是改革开放后资本市场新阶段的"起跑线"，然而实际上对于资本市场的"助跑"准备，早在改革开放之初就已经开始"热身"了。

党的十一届三中全会在决议中明确提出，要增强国营企业活力，放权让利搞活经济。回顾那段时光，龚浩成感触颇深。当时企业普遍面临的一个问题在于缺乏经营活力和缺少发展的资金，而对于股份制的探讨和试水成为解决上述问题的思路之一，经济学家厉以宁也提出了试点股份制的建议。龚浩成指出："要建设资本市场，要筹办证券交易所，具有足够的上市公司是首要条件，没有上市公司，证券交易所是不可能建立起来的，而更进一步，不论是国有企业要上市，还是民营企业要上市，都需要组建成股份制企业。"因而，把企业改造成股份制企业是资本市场正式建立前需要做的工作，股份制的改革问题在20世纪80年代前期成为上海发展经济的研究方向之一，也为后来上海资本市场的建立打下了基础。

股份制改革可谓增强企业活力的一帖"灵丹妙药"。20世纪80年代，主管这项工作的单位是国务院经济体制改革办公室，通常简称为"体改办"，这一机构在当时是很常见的，从中央到各个地方的政府部门都设有这一机构。1984年6月成立的上海市经济体制改革领导小组办公室后来改名为上海市经济体制改革办公室，简称上海市"体改办"，贺镐圣担任主任。尽管龚浩成当时并不负责这块工作，但他在工作上与体改办密切接触，身为证券市场筹建的执棋者，他对与此密切相关的股份制改革也有深入的了解。据他回忆，贺镐圣在上海企业股份制改革和上海证券交易所的建立过程中起到了举足轻重的作用，包括后来掌管我国几万亿元国资的中投公司的董事长楼继伟（时任体改办副主任）以及上海市体改办的其他有关同志都为股份制改革和上海证券交易所的建立做出了贡献。当年，上海市的两任市长汪道涵和江泽民也积极推动股份制改造的进程，沪上股份制改革的步伐快马加鞭，相当迅捷。

伴随着全国各地对股份制的探索与实践，国家对于股份制改革的政策也逐渐明朗：1984年国家体改委印发了《城市经济体制改革试点工作座谈会记录》，明确允许"职工投资入股、年终分红"；1986年5月，国务院批转国家体改委、商业部等单位《关于1986年商业体制改革的几个问题的报告》，第一次提出试行股份制的问题；1987年10月，党的十三大报告指出"改革中出现的股份制形式，可以继续试行"，上海的股份制试点企业也逐渐增多；1990年5月，国务院批转国家体改委的《在治理整顿中深化企业改革的试点》，进一步指明了股份制发展的方向。

俗话说"万丈高楼平地起"，企业的股份制改革以及相关政策的出台为上海证券市场的筹建打下了稳固的地基，而在完成企业股份制改造之后，又一项艰巨的任务摆在了龚浩成面前，即着手发行股票，建立证券交易市场。无疑，曾经长期研究资本市场的龚浩成走在了时代浪潮的最前列，成为上海证券市场建设的排头兵。

一、且将新火试新茶：上海证券市场春芽破土

对于绝大多数老百姓来说，证券交易所面世之前，有价证券还是一个颇为新鲜的事物。1981年，中国政府开始发行国库券，成为新中国第一种有价证券。然而在当时，储户只知道国库券是一种能让钞票比存银行回报更高的东西。而后，国家对国库券的发行和流通做了"松绑"，允许银行办理国库券贴现和抵押贷款。这一"贴现""抵押"不要紧，对于国库券买卖的激活效应，显而易见。

直到3年后新中国第一张股票的横空出世，震动了世界证券市场，也让平民投资者经历了财富生活的"脑筋急转弯"。不过，与如今的数千只股票规模相比，想当初A股刚出笼时陆续发行了8只股票，俗称"老八股"。

龚浩成扛起中国人民银行上海市分行行长的重担的那年，上海的证券市场发展已进入了第二个阶段。在此前的1984至1986年，企业

1981年发行的中华人民共和国国库券壹佰圆票面

的股份制资产组织形式已经初露端倪。当时，上海掀起了乡镇企业大发展的高潮，由于乡镇企业不是全民所有制，无法依靠银行，于是创造了两种筹资形式：一是原有企业扩大生产，实行"以劳带资"的形式，即发行债券；二是新办企业实行"以资带劳"，即发行股票。那时发行企业多，金额很小，而且做法不规范，所谓股票往往仅是一张收据。上海有1500家企业发行了这种债券和股票，发行额达2.47亿元人民币。

从1986年到1988年，可称为股份制经济进一步发展并逐步规范化的阶段，乡镇企业继续采用这种方式筹资，城市的街道企业也陆续开办，少数规模较小的国营企业考虑发行债券，一些国营大中型企业也发行了短期融资券。其时，上海的发行企业达1700家，规模已达25亿元。龚浩成领导下的中国人民银行上海市分行作为监管部门，面对的俨然是一个初具规模的资金市场了。为了维持市场秩序，进一步促进股份经济、市场经济的发展，监管部门制定了债券、股票的规范格式。

1988年，以国库券进入流通市场为标志，证券市场的发展进入第三个阶段。因国库券流量较大，行情看好，而且全国各地差价很大，上海有些嗅觉灵敏的市民就靠在各地贩卖国库券发财，不过之后国库券的差价在全国逐步走向平衡。这个时候，更多企业开始了股份制试点，发行股票的企业在不断增加。据统计，截至1990年6月末，上海金融市场各种有价证券达100亿元以上。

"新中国第一股"究竟花落谁家

初生的事物总要经过一段"百花齐放、争奇斗艳"的时段，才会慢慢走向规范化与统一化，而在这"万紫千红"之中择优而取、补偏救弊，正是龚浩成为代表的中国人民银行上海市分行的职责。20世纪80年代，全国很多省市都在推进股份制改革，体改办从中央到各省市都设有机构，由于各地纷纷推进股份制改革，导致各种各样的股票层出不穷，股票发行很不规范。众所周知，股票设计须具备一定要素，例如需要具备公司的名称以表明是属于什么公司的股票，在股票的背面应当有公司章程确立的主要条款，还应包括该公司股票的发行数量，股票的票面价格，总经理、董事长的签名盖章，等等，通常认为具备这些要素的才是比较规范的股票。

龚浩成对当年股票发行的种种"乱象"记忆犹新，譬如现在股票面值都是1元，但在刚开始发行股票的时候还有面值100元的股票。尤其是某些发行量比较少，并且不在上海或其他大城市发行的股票，其不规范的情况司空见惯。当时甚至还有收据形式的股票，比如某一收据写道"今收到张×股金500元"，那么这张收据即算作股票。如今看来这种现象十分荒谬，然而在那个时期这样"稀奇古怪"的股票确实存在于世。

尽管股票亟待规范是不争的事实，但所谓"不积跬步，无以至千里；不积小流，无以成江海"，证券市场的第一步终究还是需要有股票发行，否则就无法进行市场的建设。要建立完整的证券市场，第一步就是发行股票，迈开脚步，做出尝试。龚浩成其实也疑惑过这样一个问题：上海第一家发行股票的企业，究竟是哪一家？这个"第一"在全国范围意义重大，又存在着诸多争议，其中故旧，当需厘清。

博闻广识的龚浩成虽身居上海，但他的眼里从来都关注着全中国的金融改革状况。他了解到就全国范围而言，外地发行股票也有较早的，甚至在上海之前。20世纪80年代初，全国金融改革走得相对较快的两个地方分别是辽宁省的沈阳市和河南省的周口地区，这两个地方早期亦有发行股票。然而，上海虽不是金融改革的试点城市，作为中国的金融重镇、曾经的远东国际金融中心，上海的金融事业牵一发而动全身，不少金融创新之举通常起步于申城，可以说上海发行的"第一股"在整个中国意义非凡。有人认为"第一股"当属"飞乐音响"股票（民间亦称"小飞乐"），也有人争辩另有其股，沸沸扬扬，莫衷一是。

上海企业最初发行股票的当口，龚浩成尚在教书育人的讲台上手执三尺教鞭，但他曾对"新中国第一股"的来龙去脉作过一番探究。他发现，时任中国人民银行上海市分行金融行政管理处副处长的吴言涛实际上经手办理了上海企业最早发行的股票，比较了解具体情况。严格来讲，飞乐音响不是上海市第一家发行股票的企业，当时经过中国人民银行上海市分行批准的第一家申请并发行股票的为浦东川沙的一家集体企业，当然，这家企业发行的50万股股票也不属于后来上海滩众人皆知的"老八股"。这些"掌故"，在中国人民银行上海市分行档案里均有记述。

然而，"雾里看花花非花，水中望月难捉月"，若如此便改为认定这家企业的股票才是"第一股"未免狭隘。究其原因，这家浦东川沙企业的经营时间非常短，在一两年之后企业就因为经营不善宣告倒闭，以一个刚发行股票不久就"寿终正寝"的企业来代表作为上海第一家发行股票的企业显然不太妥当。相对而言，1984年11月18日公开发行股票的飞乐音响，毕竟是第一批发行股票的企业之一，况且飞乐音响的知名度比较高，1986年邓小平同志还把飞乐音响的股票作为礼物送给了来访的纽约证券交易所总经理凡尔霖。日后成为资深股民珍贵记忆里的"老八股"自然缺不了飞乐音响，甚至直到现在这家公司依然存在，飞乐音响这支股票也仍然活跃在A股市场。因此，无论从那个角度来看，龚浩成认定飞乐音响为上海首个发行股票的企业。

"小飞乐"的始创者、时任上海飞乐电声总厂厂长秦其斌在回首当年的破冰之旅时感喟："那时还没有严格意义上的发行承销商，也没有明确详细的法律法规，就这么摸着石头过河。每到关键时刻，总有无形的手在推进，你推一下，他推一下，就这么成了。"是啊，新组建的飞乐音响公司急需资金，于是就有了"众人拾柴火焰高"的股份制的构想，当时，飞乐音响要向上申请资金很难，正好，新中国第一家证券交易柜台——静安证券营业部的经理黄贵显谈到了爱建公司股份制雏形的情况，另外，有一次秦其斌在参加长宁区工商联会

1986年，工行静安证券部代理发行延中、飞乐股票

议时，遇到爱建公司的老工商业者，也向他介绍了爱建公司的具体情况：上海市工商界爱国建设公司，是以刘靖基、唐君远等为代表的上海市老一辈工商业者和部分海外人士1000余人共同集资5700余万元，于1979年9月22日创建的中国改革开放后首家民营企业。爱建公司有股东大会、董事会、监事会等一套完整的法人治理结构，由此启发了秦其斌发行股票筹资的设想；报纸意外"泄露风声"，迫使主事者箭在弦上，不得不发，故事是这样的：飞乐音响本来打算内部发行股票，因《新民晚报》记者了解到这一新生事物后，在报纸上披露了信息，于是社会人士纷纷打电话给飞乐音响，询问如何购买股票，这倒使管理者感到，向社会公开发行也是可行的；上海人乐于接受新生事物的观念和环境，也催生了新中国证券市场"零的突破"。与其说是当事人的"无知者无畏"，不如说是经济金融改革的"水到渠成"。

回顾飞乐音响的发行历史，龚浩成曾感叹道，这只俗称"小飞乐"的股票见证了太多的"第一"，第一个被外国人拥有的股票，上海第一批柜台交易的股票，上海证券交易所第一批上市的股票。而且，飞乐音响当初发行的股票，没有期限限制，不能退股，可以流通转让，称得上是我国改革开放新时期第一张真正意义上的股票。飞乐音响公司后来的壮大过程与中国股市的发展同频共振。1984年飞乐音响首发时，总股本仅1万股，每股面值50元，共筹集50万元，其中35%由法人认购，65%向社会公众公开发行。至2019年，飞乐音响的总股本已达到98892.23万股（每股面值1元），35年间，总股本增长了近2000倍。

证券市场犹如自行车的两个"轮子"

"证券市场就像一辆自行车，必须要有前后两个轮子同时协调转动才能正常运行，而证券市场的这两个'轮子'，一个是发行市场，另一个就是流通市场。"龚浩成这样形象地比喻道。发行市场就是需要公司实行股份制，需要公司通过发行股票筹集资金。有了股份制公司的股票发行，就有了股票的发行市场，而仅仅开启发行市场仍不能称为完整的证券市场，还需要流通市场。企业发行的股票要能够在股民或者企业之间自由地交易，这一买卖股票的市场即称为股票的流通市场。

沉寂30年后的中国股市重新开启。可是，通宵排队捧回股票的投资人却发现，这些股票不能流通。一些股民因为急于用钱，无法将手中股票变现。有人抱怨："有女总要出嫁，有儿总要结婚，这样不嫁不婚的，难道只好等着老死吗？"这番话着实振聋发聩，让龚浩成如坐针毡，他感到自己有责任让股票流通起来。

龚浩成不时在思索，这两个"轮子"绝非孤立存在，而是有着密切的关系，如果没有流通市场，股票就不易兑换成现金，投资人对购买股票就会犹豫不决，从而导致发行市场的缩小。相反，股票流动性的高低，关系到发行量的多少。流通市场上的股票价格，也表明了投资人对股票的需求动向。因而，根据流通市场的状况，规定发行市场的规模也就趋于必然了。资本市场的两个"轮子"同时驱动，这个资本市场才算正式形成。单单只具备一个"轮子"形成不了股票市场，所以必须既有股票的发行又有股票的流通，才称得上真正的资本市场。

股票需要交易买卖来实现流通，但是在当时并没有一个专门机构来负责买卖股票。龚浩成以普通商品的流通为类比，商品从工厂生产出来到进入消费者手中，中间要经过商店的销售；同样道理，发行的股票也需要通过一个中介机构负责在市场中的买卖，否则不可能每个人都排队到工厂里去买股票。因此，需要一个非银行的、严格的中介机构负责股票的买卖，以作为股票交易的流通市场。

耳听为虚，眼见为实，为了掌握第一手材料，龚浩成率团前往日本证券市场考察调研，他了解到日本的股票多数集中在交易所市场上市，而债券大多在柜台市场上市，柜台市场以做市商为原则，区别于交易所市场以竞价为原则。众所周知，证券的流通市场大致有两种形式，即柜台市场（又称店头市场）和交易所市场。柜台市场是交易所以外买卖证券场所的总称，凡未在交易所登记及非上市的证券，均在柜台市场进行交易，所以其范围甚广，在证券市场中也占有重要地位。在美国，柜台市场上的交易量，甚至超过了交易所市场的交易量。而交易所市场体现出有价证券流通市场的概念，把大量的证券交易集中在市场进行，并加以管理，使证券交易能公平而顺当地进行。

此外，交易所还应及时公布总交易量和成交价格，以及行市表和股票价格指数。交易所在为企业或公共团体顺利筹集资金和保护、充分应用投资人的资产等方面发挥着巨大的作用。

孙子兵法曰："谋定而后动，知止而有得。"龚浩成回忆，早在1986年底，他们就确定了上海证券市场发展的中长期目标，即上海证券市场的发展分两步走：第一步，先发展证券柜台交易和证券专营机构；第二步，在条件相对成熟时，筹建证券交易所。龚浩成认为，两步走的规划将有利于证券市场的发展。于是，最早的柜台交易场所就先于上海证券交易所应运而生了。

12平方米理发店"从头开始"买卖股票

20世纪80年代初，为了拓宽资金渠道，中国工商银行上海市分行成立了信托投资公司，把传统银行业务以外的业务划拨到该信托投资公司，由黄贵显任信托投资公司静安分公司经理，胡瑞荃任副经理。1984年，中国工商银行上海市分行信托投资公司静安分公司代理发行了飞乐音响的股票，引发了上海市民通宵排队争购的火爆场面。但是过后却是风平浪静，投资者发现这些股票就像一堆"死钱"，因为它们无法流通。当时有些股东需要将手中的股票变现，找到工行上海信托投资公司静安分公司，打听股票能不能转让？怎么转让？当时静安分公司也考虑到如果股票不能流通，股票市场就会失去生命力，于是，开始向上海市经济体制改革办公室打报告，要求放开股票交易。

龚浩成也关注到了股票流通的局面打不开的困难，后来了解到，报告送到了时任上海市市长江泽民的手中。1986年8月，江泽民召开会议，关于股份制的汇报，静安分公司副经理胡瑞荃到会作了名为《股票的生命在于流动》一次股份制工作汇报会议上的发言。之后，人行上海市分行批转了静安分公司的报告，并批准静安分公司更名为证券业务部。龚浩成对全国第一个股票交易柜台的开幕情形这样描述："静安证券业务部在上海南京西路静安寺旁边租赁了一个门面，将一个理发店改造成了营业大厅，具体地址是上海市南京西路1806号，就位于现在的上海市友谊会堂附近。当时静安证券业务部租用的门面是很小的，接待客户的面积只有12平方米，只在里面摆放一个柜台，再加上几把办公椅，工作人员刚好凑足10位，就开始营业了。"正是从这个简陋逼仄的小柜台起步，中国证券交易市场迈出了从无到有的第一步，实现了从一级市场到二级市场的巨大飞跃。

1986年9月26日，中国工商银行上海信托投资公司静安证券业务部开始办理由其承销的飞乐音响和延中实业两家公司股票的代购、代销业务，这使得绝迹30多年的股票交易市场在上海重新出现了。实际上，静安证券业务部的主要业务就是办理这两只股票的过户登记。龚浩成通俗地解释这一过程："例如甲要把自己的股票卖给乙，就到静安证券业务部登记，由静安证券业务部给甲乙办理过户手续。通过甲卖给乙，乙卖给丙，股票就开始流动起来了。"所以，在全国范围内最早落实股票交易流通的即为静安证券业务部。

　　工商银行上海信托投资公司静安证券业务部位于南京西路1806号，股票交易从这里开始

起初的股票交易，一切"土法上马"。行情显示靠黑板，计算靠算盘，交易完全靠手工。股票交易时，"一手交钱，一手交货（股票）"。一笔交易要经过好几个环节，光公章、经办章等就要盖上20多个。有时一天有数百笔股票交易，工作人员忙不过来，还得求助信托公司机关"外援"来帮忙。

龚浩成对当年在静安证券业务部主要处理业务的黄贵显和胡瑞荃印象深刻，赞扬他们工作认真负责，为推动股票市场的建立做出了很大贡献。而令他尤为感叹的是，彼时的很多领导同志极大地推进了股票交易市场的建立，没有他们的鼎力支持，想必很难有这一开拓性的创举。

纽交所主席莅临"全球最小证券交易柜"

龚浩成作为中国人民银行上海市分行的副行长，也见证了纽约交易所主席凡尔霖来上海办理"小飞乐"股票过户这一轰动世界的事件。

"好雨知时节，当春乃发生。"1986年，股票发行重回黄浦江畔，中国工商银行上海市分行信托投资公司静安证券业务部业已开展办理股票转让手续的业务。同年11月，时任美国纽约证券交易所主席约翰·凡尔霖来到中国参加金融研讨会，邓小平同志接见了他。

时任中国人民银行行长陈慕华陪同凡尔霖去见邓小平，要求上海选一张有代表性的、质量较好的股票馈赠凡尔霖。

上海方面的有关人员碰头一合计，一致觉得飞乐音响的股票好。原因在于飞乐音响的股票属于发行比较早的股票，虽然发行量只有50万股，数量不算多，但是影响比较大。更重要的是，飞乐音响的股票由上海印钞厂印制，质地甚佳，综合来看颇具规范性。龚浩成清楚记得，当时上海方面指派了中国人民银行上海市分行的一位处长，乘坐飞机抵京把这张飞乐音响的股票面交陈慕华。历史见证非凡时刻，1986年11月14日，邓小平把这张"新中国第一股"作为回礼送给了凡尔霖。

　　只是，当初送出的这张飞乐音响股票签署的户主名字，竟是时任中国人民银行上海市分行副行长周芝石，分管金融行政管理处，而证券市场又属于金融行政管理处主管领域。上海市分行准备礼品时，考虑到不能随意使用金融空白凭证，便以周芝石的名字制作了一张股票赠送给凡尔霖。

　　手捧这张股票，凡尔霖欣喜若狂，可是打开一看，户主不是他的名字，当即提出要求，希望将这张股票的户名从周芝石过户到凡尔霖。随后，凡尔霖特意改变了行程，转道上海返回美国。过了没几天，凡尔霖偕夫人和助手飞往上海，驱车来到静安证券业务部，顺利地办妥了过户手续。

　　龚浩成回忆当时的接待场景，静安证券业务部的黄贵显和胡瑞荃等人都早已经在那里迎候。人头攒动，店面局促，静安证券业务部的地盘显得有些捉襟见肘，胡瑞荃解释道："我们刚创办，这个地方太小了。"凡尔霖十分风趣地回应："没关系，我看你们这里很不错，在中国大城市里有这么一间房子，很好啊，还有电话。要知道，美国最早开始股票交易是在华尔街边上的梧桐树下进行的。来交易的人们要受日晒雨淋，你们现在的条件要比他们好多了。"回到美国后，约翰·凡尔霖将飞乐音响股票及他与邓小平同志的合影，一起挂在纽约证券交易所的陈列厅里。纽约的一份报纸用"全世界最大的证券交易所总裁来到全世界最小的证券交易场所办理股票过户"的标题报道了这条消息，震动了全世界。

对于中国资本市场来说，静安证券业务部可以被称为"中国的梧桐树"。几年后，邓小平发表南方谈话，股份制改革的浪潮席卷神州，买股票分享上市公司发展成果已然成为普通市民的重要理财方式。这棵金融改革大树向阳而生，根深叶茂。

筹建证券公司"山重水复疑无路"

随着股票发行的迅速增长，小小的一个流通柜台实在是杯水车薪。根据市场发展的需要，有了股票的发行和流通，就必须有正规的证券公司来主理其事，不能再仅仅由体改办负责发行、证券柜台交易负责流通的简便模式来解决问题。建立证券公司以更好地规范和引导证券市场的发展，摆上了龚浩成的议事日程。1988年，他接到中国人民银行总行的任务，要求上海筹建证券公司，特别强调由中国人民银行上海市分行直接管控证券公司。

当时上海有多家金融机构，如交通银行上海市分行和上海投资信托公司（现为上海国际集团），均表示愿意组建证券公司，并且积极地进行准备。中国人民银行上海市分行把这一情况向中国人民银行金融管理司作了汇报，要求在上海组建两家证券公司，即后来的万国证券公司和海通证券公司。总行金融管理司明确表示支持，但要求中国人民银行上海市分行同时自行组建一家证券公司，这一提议是考虑到证券市场刚刚兴起，有中国人民银行直接控制的证券公司，容易起到稳定市场、促进证券市场健康成长的作用。

龚浩成当即表明，自己作为证券市场的监管机构，不应当直接参与组建经办业务的证券公司，而可以通过加强对其他公司的监管来实现稳定市场的要求。龚浩成形象地打了个比喻，"以足球比赛为例，如果中国人民银行是裁判员，就不应当还是运动员，裁判员临门一脚中的，这个账怎么算？"

不过，主管部门还是发来指示，倘若中国人民银行上海市分行自身不组建证券公司的话，其他两家就难以获得批复。据龚浩成了解，当时中国人民银行各省市分（支）行几乎都成立了证券公司。在这种情况下，龚浩成只能退而求其次，按照要求同时批准三家证券公司，即由中国人民银行上海市分行组建的申银证券公司，总经理为中国人民银行上海市分行任命的吴雅伦（后来调任上海证券交易所副总经理），上海投资信托公司组建的万国证券公司，总经理为管金生，以及由交通银行上海市分行组建的海通证券公司，总经理为汤仁荣。

宜未雨而绸缪，毋临渴而掘井。龚浩成曾对申银证券公司总经理吴雅伦面授机宜："不要经营股票，最多买点国债。"于是，1988年申银证券公司成立以后，工作重点放在国债买卖和自身建设规范化上，极少从事股票买卖。1989年，经过上海真空电子器件股份有限公司的股票增发联合承销团事件后，工商银行上海市分行一再提出建立证券公司的申请，中国人民银行上海市分行就把申银证券公司转让给了工商银行，与当时的静安证券业务部合并，阚治东出任总经理。办理转让手续时，却在总行报批时卡了壳。人行一位领导见了上海市分行上报的申银证券公司转让材料，提出异议："谁说人行不能从事证券业务？告诉上海市分行，总行没有规定人行不能搞证券。如果上海市分行知道这一情况还是同意转让，请他们拿书面意见来。"

得知消息后，工商银行上海市分行忧心忡忡。但是，在龚浩成的坚持下，中国人民银行上海市分行态度很明确，认定人行作为中央银行不应参与具体的业务经营活动，"人行就是不能直接从事证券业务"，很快提交了上海市分行再次确认同意转让的书面意见。"柳暗花明又一村"，到了1990年初夏，申银证券公司转让一事才获得批准通过。

阚治东、管金生、汤仁荣，以及筹建上海证券交易所的尉文渊、吴雅伦等，日后都成为早期上海证券市场的风云人物，为上海资本市场的建立和发展作出了贡献。而龚浩成始终坚持市场原则办金融，始终坚持"裁判员"与"运动员"、监管者与经营者的角色应当分开的观念，将金融理论充分应用到改革的实践中，其前瞻性、科学性的决策体现出学者与官员的双重内涵，使得上海在金融改革的摸索中少走了许多弯路。

二、纸上得来终觉浅：筹建证券交易所的争论与实践

改革开放之前，我国实行了近30年高度集中的计划经济模式，要在这样一个基础上建立证券市场，与在资本主义市场经济条件下证券市场的自然形成与发展截然不同，必然带来一系列特殊的矛盾和问题。20世纪80年代中期，股份制经济虽然已经萌芽，但在理论上的争议还相当多。囿于我国当时的特殊历史条件，股份制经济就曾经被当作禁区，被看成是社会主义的异端。理论禁区不冲破，股份制经济难以推广。后来有人从马克思、恩格斯的通信集中找到了相关的观点，诸如股份制是具有社会性质的；美国若没有股份经济，铁路建设将会推迟好多年。于是，人们在文章中反复引用这些观点，采取用"本本"抗衡"本本"的办法，为中国推行股份制争得了一席之地。

80年代末期，股份制和股票交易在姓"社"、姓"资"的争论中"摸着石头过河"。股份制企业数量与日俱增，国内对大型证券交易市场的需求越来越高，建立证券交易所已是水到渠成之事。上海不仅一直把"股份制"作为经济体制改革的重点加以推进，而且开始酝酿考虑筹建证券交易所。这一阶段，不同观点冲突碰撞，质疑之声未曾停歇，甚至有时会演变为意识形态的论争，伴随着股份制改革试点和

证券市场试验的整个过程。这种奇特的"边争论、边试点"的局面，触发了股份制改革和证券市场培育的最初阶段几次潮起潮落。随着沪深两地区域性证券市场股票发行数量扶摇直上，股市投资者队伍逐步扩容，市场交投日趋活跃，证券交易由分散的柜台交易向集中统一的由证券交易所组织交易也转变成为了一种必然的、内在的要求。

面对这些争论，龚浩成的态度十分明确，他认为认识事情往往不可能一蹴而就，发展证券市场也是如此，有人说行，有人说不行，在他看来，不要先说不行，要想想怎么才能行。他运用自身长期积累的金融理论知识，以开放进取的态度和敢为人先的精神，对一些争议焦点给出了掷地有声的回答。

"从没听说打麻将也要分析政治经济形势"

有人质疑，发展股份制让全民所有制企业发行股票，特别是向个人发售股票，会不会分散国有财产，动摇公有制的基础？我国是社会主义共和国，毫无疑义应以公有制为基础，问题的关键在于向社会公开发行股票是不是分散了国有财产，会不会搞成变相的私有化？

龚浩成看得非常通透，解决这个问题的关键是，不能仅仅从实物形态上理解国有财产。大家普遍能理解的是厂房、机器、设备乃至原材料，等等，这些都是国有财产，不但要维护好，还要使之不断壮大。但国有财产决不止于此，例如，有没有货币形态的国有财产呢？龚浩成断言："有，过去有，今天有，今后也会有。"只要企业在进行正常的生产和流通，总会出现一部分货币资金。当然，一个好的企业家仅仅保留适度的货币资金，而不会去无限追求，但它毕竟是货币形态上的国有财产。

那么，还有没有第三种形态上的国有财产呢？龚浩成认为，这个答案也是肯定的，这就是证券形态上的国有财产，如1981年开始发行的国库券就是其中的一种，它是全民所有制企业可以持有的。如果允许这些企业持有其他全民企业的股票和债券，这只是产权的转移，而不是分散了国有财产。相反，它还有利于产业结构的调整。龚浩成特别指出，发展股份制，公开向社会发行股票和债券，是企业筹资的一种方式，可以壮大全民企业支配资金的实力。例如上海真空电子器件公司，在国内向个人发行了A股，在境外发行了B股，它可以支配的资金几乎增加了一倍。

也有人议论说，发行股票和债券，对储蓄起分流作用，会不会影响国家银行的主体地位？

诚然，国家银行对企业提供贷款的资金，约有60%来自储蓄，其作用是不言而喻的。但龚浩成以更开阔的视角分析了这一问题，他认为从实际情况看，储蓄这块"蛋糕"现在越做越大，证券的发行不仅没有使储蓄绝对额减少，相反，一定程度上促进了银行储蓄绝对值的大幅增长，所以关键是要把"蛋糕"做大，应当以发展的眼光看"储蓄"。在改革开放中群众得到了实惠，个人金融资产在大幅度上升，仅以储蓄为例，1978年底全国储蓄存款为210亿元，人均20元左右；

而至1992年一季度末，全国储蓄存款已高达一万亿元，人均800元以上，上海的人均储蓄已近3000元。群众的钱袋子满了，除继续把一部分钱存放在银行以外，会在保证安全性和流动性的前提下，去寻找赢利性更高的机会，这就是购买债券、股票等有价证券。

另有一些声音认为，证券买卖有点像赌博，一夜之间发了财，或者搞得倾家荡产，这会助长投机心理，不利于改善社会风气。在旧中国乃至在世界范围内，证券市场都是投机活动的温床，以近代中国为例，在华商股份制企业和股票交易市场诞生之初，1883年的倒账风潮正是由股市泡沫破灭而引起，给中国初生的证券市场带来巨大的打击。1910年的橡皮股票风潮和1921年的信交风潮次第爆发，更是盲目跟风购买股票、投机炒作的后果。

对于此种担忧，龚浩成回应道，股市有风险，投资要谨慎，要始终以这个理念来劝导股民。但证券交易中的投机同赌博毕竟是有区别的。证券买卖是一种机会的选择，要对政治、经济、社会等形势以及企业的经营情况进行恰如其分的分析，做出正确的判断。龚浩成列举了在1991年海湾战争中股市的变化无常，那时有人赚了钱，有人赔了本，关键就在于分析和判断，也就是说，要正确选择机会。而他对比认为赌博就是另一回事了，"从来没有听到麻将桌上也要分析政治经济形势"。而站在监管者的角度，龚浩成特别指出，在证券市场上，没有投机，也就没有投资，监管者的任务是抑制和防止过度投机，引导理性投资。

更有甚者，还有人担心开办证券交易所，会不会培育出一代资产阶级？上了年纪的上海人，对证券交易所是记忆犹新的，那些活跃在交易所的资本家贪婪成性，翻手为云，覆手为雨，操纵股票市场，"大鱼吃小鱼"比比皆是，《子夜》《上海的早晨》等文学名著都揭示了这些恶劣行径。

龚浩成斩钉截铁地指出，事实上，在证券交易群体中，还有千千万万个中小投资者，在社会主义制度下，他们是不可能发展成一代资产阶级的。特别要认清的是，我们有中国共产党的领导和社会主义制度，绝不允许证券交易所的航向有所偏离，我们只是利用这种"形式"为社会主义服务。他多次重温江泽民、李鹏同志在视察上海证券交易所时的题词：要"发展和完善有中国特色的证券交易市场"，"证券交易为社会主义建设服务"，这就确定了证券交易所的发展方向。人们对旧中国证券交易所的印象，只是从小说中得出的结论，不能以艺术形象取代历史而影响现实。

"大胆试，试不好，可以再改嘛"

当数以千计的股份制企业蓬勃涌现之时，必然会有一些持股者因为种种原因需要变现。于是，在不少地方出现了股票的转让流通。直到1990年中国人民银行上海市分行和深圳市分行先后批准成立证券交易所，理论界还纠缠在"计划"还是"市场"、姓"社"还是姓"资"的争论之中，争论之激烈，龚浩成形象地形容是"帽子"满天飞，"棍子"到处打。

智者不争，仁者不责。证券市场筹备初期，为了避免争论带来的影响和束缚，有关方面采取了绕开理论界的做法。1988年9月底，以国家体改委和中国人民银行总行牵头，由中国新技术创业投资公司、中国农村信托投资公司、康华发展总公司和中国工商信托投资公司四家发起，先后在北京召开了一系列会议，专题讨论和研究了在北京成立全国性证券交易所的可能性和具体实施步骤，完成了《中国证券市场创办与管理的设想》。在充分调研的基础上，着手组建证券交易所筹备班子，为避免引发争议，筹备班子没有直接取名"北京证券交易所筹备办公室"，而是定名为"证券交易所研究设计联合办公室"，简称"联办"，半带政府机构色彩，半带研究机构性质。"联办"与上海证券交易所的建立密切相关，故而龚浩成对其的建立和发展过程、创始人员、工作职能等都有清楚的了解。中国证券交易市场的创建就从"联办"的组建开始，稳步有序向前推进。

反观上海的静安证券业务部，毕竟"小打小闹"，不是正式的证券市场，证券业务部发生的交易零零星星，每天交易量很小，而且都在上海买卖，区域性的限制给外地的投资者带来诸多不便。要解决这些问题，就必须建立全国性的、股票集中交易的证券交易所。无论在思想上、理论上的争论如何激烈，关于证券交易所的筹备工作事实上早已经在推进了，这源于上海早在1986年确立的证券市场发展"两步走"的中长期目标。

龚浩成回忆推动建立上海证券交易所的前期讨论：1989年2月2日，中国人民银行上海市分行和上海市体改办联合开会研究了成立上海证券交易所的方案；同年2月15日，上海市委根据当时的情况对股份制发展和证券交易所的设立问题作出了"态度要积极，工作要扎实"的指导意见；3月9日，中国人民银行上海市分行再次开会研究了设立证券交易所的问题，会上对证券交易所的方案报告进行了比较详细的研究，讨论了交易所的管理体系、组织体系、交易所章程、交易办法等一些具体构想；5月4日，相关人员还在时任上海市人民政府顾问汪道涵的召集下再次开会讨论了关于交易所设立的问题，会议总体意见认为马上成立上海证券交易所的条件尚未完全具备，确定了当时的主要工作还是收集相关资料，了解周边国家交易所的情况，积极创造条件，以便在适当时机成立上海证券交易所。

　　1989年12月2日，在康平路市委小礼堂，就如何深化上海金融体制改革的问题召开了中共上海市委常委扩大会议。龚浩成参加了会议，他对这场重要的会议印象深刻，市委常委召开这样规模的一个扩大会议很不容易，而会议要召开整整一天，也体现出金融工作的重要性。他记得上海市委常委以及市委、市政府中主管经济领导如庄晓天、顾传训等都列席参加；因为证券市场归中国人民银行管辖，还邀请了中国人民银行副行长刘鸿儒（后担任中国证监会第一任主席）。会议还邀请了两位理论界同志参加，一位是华东师范大学的金融学者陈彪如，另一位则是上海财经大学金融系副主任刘波，他后来担任了上海证券交易所的副总经理。

初冬的上海寒意乍起，可会场里却是热气腾腾，龚浩成在工作笔记簿上记录了会议研究的两大问题。第一个问题是要不要引进外资银行，这个问题的讨论大概持续了半个小时就结束了，大家没有分歧，一致认为已经到了引进外资银行的时候了。第二个问题即是否建立上海证券交易所，与会者争论较多。

这场会议上的一些细节，对龚浩成来说至今仍历历在目。他记得会上朱镕基同志当场点名征求三个人的意见。第一个征求时任交通银行董事长的李祥瑞的意见："老李，你看交易所可不可以建？"

紧接着，朱镕基就问龚浩成："老龚，你怎么认为，你赞成不赞成？"朱镕基同志掉过头来又问时任上海体改办主任贺镐圣："老贺，你怎么看？"贺镐圣的回答是："不管它了，先建起来再说，在建设中发展壮大。"

朱镕基连发三问，他们三人并未持反对意见，心里有了谱。从这里能够明显看出，上海市委当时已经做好了决策。

三、不畏浮云遮望眼：上海证券交易所筹备的前前后后

1989年之后，国际上的舆论普遍认为中国从此就要把改革开放的大门重新关上，对于我国改革开放的政策会不会继续下去，很多国家都心存疑虑。1989年7月，西方七国集团峰会（即G7峰会）在法国巴黎召开，决定对我国实行经济制裁，许多政府贷款被冻结，众多外国

投资者要撤资，许多潜在的投资者更是持观望态度。

此时的中国面临着根本性的问题，党的十一届三中全会基本上决定了走市场经济道路，虽然市场经济这个提法几经改变，包括市场经济与计划经济相结合等，可它毕竟走上了正规道路，其最重要特征就是对外要开放，对内要改革，假如偏离了这点，就谈不上什么改革开放了。外国对改革开放的质疑声音与制裁措施阻截了外资进入中国的渠道，使得发展中的中国资金颇为紧张，而急需资金的上海尤为如此。此时决定设立上海证券交易所，既与国际上的背景有关，也有酝酿已久的讨论和筹备作为先决条件。

"三人小组"，非常时期的"黄金搭档"

在康平路的上海市委常委会金融改革会议上，决定成立负责筹建上海证券交易所的"三人小组"，成员即为李祥瑞、贺镐圣和龚浩成，组名没有称之为筹备小组，而是开宗明义"三人小组"。相关人员兵分三路筹备交易所：一路负责制定法规章程，参与人员有冯国荣、王华庆、王定富；一路由尉文渊负责寻找地方、装修改造等具体筹备工作；还有一路直接对"三人小组"负责。同时，"三人小组"下设办公室，落地在中国人民银行上海市分行，具体负责制定方案和规划。

"三人小组"在组织上是对市委负责，李祥瑞代表交通银行，贺镐圣代表上海市体改办，龚浩成代表中国人民银行上海市分行，按照

"三人小组"成员（左起）：李祥瑞、贺镐圣、龚浩成

这个原则来组建的"三人小组"是市委扩大会议最后的结论。

边"头脑风暴",边统一思想,边请示汇告,"三人小组"在直接对朱镕基负责的原则下,争分夺秒抢时间,紧锣密鼓地开始了证券交易所的筹备工作。同时,对于"三人小组"的具体运作,朱镕基也提出了一些工作要求。"三人小组"总体负责筹备事宜,但同时也需要一部分人手推进筹备工作的具体展开,于是,具体的筹备工作就由中国人民银行上海市分行金融管理处承接。"三人小组"的成员各自委派两名同志来协助筹备工作,即交通银行两名,上海市体改办两名,人行上海市分行两名。龚浩成清楚地记得中国人民银行上海市分行委派的是金融管理处处长王华庆和研究所所长王定甫,他俩参与了筹办证券交易所的具体事务。

舆论"嘈嘈切切",环境"纷纷扰扰",龚浩成始终觉得,当初筹办证券交易所的阻碍和难度之大,非亲历者无法想象。鉴于国内反对建立证券交易所的人比较多,总认为建立证券交易所是搞资本主义的东西,为了减少阻力,在金融改革会议的当天,朱镕基就确定了一个方针,即对于上海证券交易所的筹建动态,对外要大力宣传,及时传送上海准备建立证券交易所的讯息;对内要低调,能不谈就尽量不谈。实际上,尽管当时上海方面已经低调处理,然而社会上的非议仍旧比较多,直到1992年邓小平同志发表南方讲话以后,对于证券交易所的非议才渐渐平息。

适逢其时,1989年12月召开的上海市金融改革会议,基本确定了上海证券交易所的开业日期。根据部署，1990年12月，香港贸易发展局主席邓莲如女士将率团抵沪访问，所以会上初步的决定是尽量争取抓住这一时机开业。对于证交所择址方位，亦初见眉目。大凡国际金融中心这个抽象的名字总是要和具体地区联系起来的，比如说纽约与华尔街，伦敦与金融城，东京与银座，上海作为金融中心从来都是同外滩"万国建筑博览群"相伴相生。由于当年外滩附近几条马路，银行或者其他金融机构摩肩接踵，所以上海证券交易所选址，地区宜靠近外滩。

建立上海证券交易所方案既定，"三人小组"的筹备工作马不停蹄，日夜兼程，龚浩成面临的首要问题就是协调好同各方面的关系。

证券交易所"落户"北京还是上海

"千头万绪，止于一端"。要在上海建立证券交易所，首先要处理的就是与设在北京的"联办"的关系，它当时叫作"证券交易所研究设计联合办公室"，也就是如今中国证券市场设计研究中心的前身。

几乎是同步推进，1989年3月成立的"联办"也在规划制定证券交易所的法规，筹办交易所的设立、运作等具体事宜。"联办"里面的很多人士都有着海外留学背景、甚至有着海外工作经验，这些"海龟精英"从国外学成回来，也正在运筹帷幄研究设计如何在中国建立证券交易所的方案。受上海市领导的委派，龚浩成前往"联办"参观考察、请教经验。龚浩成到达后，主要考察研究了"联办"的资料准备及规划设计，他称赞"联办"行事大方，并没有对他有任何保密，从"联办"提供的资料可以看出他们博学多才，见识练达，对于证券交易所业务运作相当熟悉。龚浩成查看了相关资料，获益匪浅，表示"联办"的资料对于上海筹办交易所很具借鉴参考价值，希望"联办"能同意他把资料带回去，为上海建立证券交易所所用。龚浩成判断，虽然当时"联办"已经了解到上海正在厉兵秣马筹办证券交易所，但他们对于帮助上海建立交易所兴趣不大，仍是着眼于在北京建立交易所。

从北京考察"联办"结束后回到上海，龚浩成当即向朱镕基汇报了工作情况。没过多久，"联办"董事长、后来接任荣毅仁担任全国工商业联合会主席的经叔平三番四次来到上海，主要谈论的就是一个问题——证券交易所建在上海还是北京？龚浩成在谈话中反复坚持，要办证券交易所就应定位上海，三四次谈下来，经叔平感觉到在上海设立证券交易所是大势所趋，上海方面已经"吃了秤砣铁了心"，之后他也逐渐接受了这一点。

1990年4月18日，国务院总理李鹏在上海宣布了开发开放浦东的十大政策，其中之一就是建立上海证券交易所。最后，经叔平也明确表态证券交易所由上海筹建。

获知情况的当天晚上，龚浩成马上向朱镕基汇报。随后经叔平跟朱镕基表示，"联办"的原班人马可以帮助上海建立证券交易所。到后来，证监会和证券交易所不少高管人员都来自"联办"。通过这件事龚浩成不无感慨，在筹备交易所的过程中需要协调各方关系，要讲究方法，讲究策略，适时有效地表达筹备组的意见。

"沪深之争"上交所拔得头筹

谁是我国改革开放以后第一个证券交易所的问题？曾经有过所谓的"沪深之争"，也就是上海和深圳争论到底哪个证券交易所在先，哪个证券交易所在后。

时任中共深圳市委书记李灏，作风果敢，以其改革意识和施政智慧使得深圳一直很"特区"。当年李灏听说上海证券交易所将于1990年底成立，在前往视察深圳证券交易所筹备组时，他询问筹备组准备工作的进度如何。筹备组当场给李灏拍了胸脯，甚至夸张地表示"第二天就可以运作证券交易所了"。于是，李灏就表态让筹备组快点运作，经过通宵达旦连续奋战，深圳证券交易所的实际运作的确是在上海证券交易所之前。上海证券交易所的成立名义上是在1990年12月19日，但实际上的营运时间更早一些，于1990年11月就已经开始试营运了。不过，深圳证券交易所还是比上海证券交易所早了半个多月试营运。如果以试营运为标准，深圳证券交易所确实是比上海证券交易所"领先一步"。

不过，证券交易所哪一天正式成立，需要得到中国人民银行总行批准。上海证券交易所面向全国，获得中国人民银行总行批准至关重要，而最先获得中国人民银行总行批文的当属上海证券交易所。

视线转至黄浦江畔，此前提到的上海市委金融改革扩大会议邀请了中国人民银行总行主管证券业务的副行长刘鸿儒出席，他对上海建立证券交易所的情况了然于胸。由于上情下达，沟通顺畅，在龚浩成的印象中，上海无论是创建证券交易所还是设立其他金融机构，需要报批总行同意的，都非常顺利。

由于未同主管部门充分沟通协调，导致深圳证券交易所成立的时候还没有定下名字。其时，中国人民银行金管司主管证券交易所筹办的司长建议，深圳证券交易所拟取名证券交易中心。这种状态一直持续到了1991年4月份，当时上海证券交易所已经运转了四个月了，直到此时，中国人民银行总行才正式批准深圳成立证券交易所，名称定为深圳证券交易所。

当然，建立证券交易所本身是一项系统性工程，涉及制度、法律、会计等软件设施建设，也包括了交易场所的选定等一系列硬件设施建设。龚浩成忆及当时上海证券交易所的设立，遭遇重重荆棘载途，他感喟，当时"三人小组"的想法是，如果硬碰硬，遇到棘手问题恐怕一时难以解决，实际上很多困难迎刃而解都是与上海市其他部门通力协作的结果。

龚浩成举了一个最典型的的事例。根据之前的设计，证券交易所准备安装50门电话，需要配50根电话线。但那时候安装电话不像现在这般容易，要一次性安装这么多门电话，可谓"蜀道难，难于上青天"。筹备组去往电信局请求协助，邮电局回复"资源所限，爱莫能助"。后来，还是吴邦国听到情况后对"三人小组"表态，由他出面解决这一难题，保证在两个月之内为上海证券交易所安装好50部电话。当时，吴邦国在上海市委主管工业，在他的亲力协调之下，上交所50部电话终于在开张之前通了！龚浩成时常感念道，"这个事情多亏了吴邦国同志啊。"

引水方知开源不易，筹建上海证券交易所的当口，艰难险阻好似一道道太行山，而龚浩成特别强调的是，有些关隘如果单靠"三人小组"是没有办法跨越的，需要依靠各方面的力量来帮助。因此，他从不将筹办的功劳归于自己，而是始终笃信"人心齐，泰山移"，上海证券交易所能够如期"闪亮登场"，靠的是众多部门戮力同心，众志成城。

意外遭遇"掠人之美"索性将错就错

为了争取各地对上海建立证券交易所的支持，龚浩成觉得除了要处理好与中央领导机构以及上海本地各职能部门的关系，还得处理好与兄弟省份的关系，彼时，上海成立证券交易所得到了各地广泛的支持，主要体现在上海证券交易所是不以营利为目的的事业法人，实行法人会员制，第一批22个会员中包括了上海、山东、沈阳、江西、安徽、浙江、海南、北京等地的证券公司、银行、投资公司、保险公司、信用社等全国性和地方金融机构。

其间发生了一段有趣的"插曲"。当年，中国人民银行浙江省分行行长是陈国强，名字像男性，殊不知却是一位巾帼女将，在人行系统内名气颇盛。上海证券交易所即将开张之际，她与龚浩成交流，希望能在上海证券交易所中预留一个位置，人行浙江省分行将推荐一家浙江的证券公司来上海证券交易所"安营扎寨"。

沪浙两地相邻相近，业务逐步相融相通，何况人行浙江省分行行长开了口，龚浩成随即答复她没有问题，会留心关照，给浙江分行推荐的证券公司预留一个位置。证券交易所的设立正在进行时，交易所相关人员向龚浩成报告反映，有一家浙江证券公司请求进入上海证券交易所经营，该公司的总经理叫李训，原本是中国银行浙江省分行副行长。李训请求浙江证券公司第一家进入上海，在上海设立营业机构，要求成为上海证券交易所的会员。龚浩成误以为这家公司既然叫浙江证券，那肯定就是浙江比较有代表性的证券公司了，也就是陈国强行长推荐的公司。他当时表态同意，相关同志就帮助这家公司办理了手续，浙江证券由此进入上海，申请成为上海证券交易所的第一批会员。而且，李训还当选了上海证券交易所理事会唯一的外省理事，而其他八九个理事都来自上海，只有他来自外省。

过了两天，龚浩成致电陈国强，把浙江证券"入席"的情况一五一十地说了，电话那头的陈国强惊诧不已，回称还没推荐证券公司呢，龚浩成这才意识到自己"阴差阳错""张冠李戴"了。不过，陈国强认为如此"误会"也没有问题，因为浙江的机构总算是"登陆"上海证券交易所。事后，龚浩成特意写了一篇题为《将错就错》文章，讲述了这段插曲，他觉得这个故事体现了上海证券交易所冲破地域的界限，抱着"海纳百川、有容乃大"的创业宗旨，外地证券公司同样能够成为上海证券交易所的会员。

饶有意趣的是，上交所行将开业之际，在确定证券交易员"红马甲"的序号时，各家机构提出了不同的编号方案，最终以抽签方式决定席位号，在25个号码中，最后抽签的浙江证券公司恰巧得到了最后剩下的01号，真是奇哉巧哉。

为取证券市场"真经"出了趟"洋差"

对于投身金融改革的先行者来说，证券究竟是怎么回事，大多懵懵懂懂，有的只是在书本上读到过一些概念，有的干脆就是一张白纸。但在龚浩成看来，就整个上海而言，如果连真正的证券交易所都没有见识过、考察过，就贸然创办证券交易所，这肯定是不现实的。毕竟其时有一些金融老法师还健在，他们曾在旧上海的证券交易所里摸爬滚打过，实战经验相当丰富，龚浩成一有机会就登门向他们请教学习。同时，在筹建过程中，包括"三人小组"的龚浩成、贺镐圣在内的不少人根据上海市委领导的安排，专程飞赴香港考察了香港联合交易所有限公司（简称"联交所"），取了"真经"回来。此外，当初中国人民银行总行也组织过相关内容的业务培训，令龚浩成印象尤深的就是前往日本野村证券公司的"充电"。

"他山之石，可以攻玉。"从20世纪80年代开始，日本证券市场加快了同国际接轨的步伐，重新确立了与国际发展同步的经营理念。在这种经营理念的指导下，大力发展计算机技术和信息网络技术，并利用科技发展的最新成果，改变证券市场交易手段、交易方式和会计信息披露方法，废除了传统的交易方式，促使证券市场的观念与技术同国际证券市场发展同步。1986年，时任中国人民银行总行副行长刘鸿儒同志联系野村证券公司的创办人伊藤正则，由野村证券公司培训一批来自中国的金融骨干。

日本野村证券公司对此次考察的投入也比较大，邀请了中国人民银行各分行共13位行长，一级分行的行长只有龚浩成一人，其他都是二级分行，而江浙两省赴日参加培训的人数最多，包括苏州、无锡、常州、南京、宁波、温州六个地区级行长。

龚浩成来到日本野村证券公司后，如海绵吸水一般好学不倦，砥志研思，整整学习了一个月的证券市场方面的知识，吃住都在野村证券公司。野村证券公司对于此次培训考察非常重视，做了细致周到的组织和安排，邀请20多位从事理论研究的专家和具有丰富经验的证券从业人员，讲授了18个专题，安排了9次现场考察，印发了700多页讲义和各类参考书近20本，对证券的发行和流通、证券交易所、店头市场、证券公司、评级机构的功能和活动方式，短期资金市场的组织和运转等问题，从定义、特征、发展过程、处理手续到计算公式，都作了详尽的介绍。日本"充电"之旅，令龚浩成大开眼界，收获满满。

从日本野村证券学习回来后，龚浩成在《上海金融》杂志上连续写了六篇文章，主要介绍证券交易所的情况。这一系列文章对其他国家证券交易所的具体运行情况进行了介绍，为国内了解证券交易所打开了一扇窗口，产生了很大的影响。让他印象尤为深刻的是，日本证券市场从加强公平、公正以及提高会计信息披露的透明度出发，在监管机制的改革中设置了监督委员会、金融监督厅和金融再生委员会等强化自律组织，完善了有关公开收购制度及禁止了损失补偿及全权委托交易；多次修改了《证券交易法》，对发行公司和证券公司的行为规范进一步完善和具体化；加大了对操纵市场、内幕交易等违法行为的惩处力度，并做出具体处罚规定；提出对会计信息披露全面性、可靠性和及时性的高标准制度，等等。

那年月出趟国不容易，很多人省下外汇从日本搬回了国内市场炙手可热的家用电器，而龚浩成却背回家两大箱业务书籍，多为野村证券公司赠予的证券市场知识读本。后来野村证券公司也成为最早被批准进入中国成立办事处的外国金融机构之一。

四、新竹高于旧竹枝：上海证券市场的定位、运作与建成

仿佛平地一声惊雷起，在国内证券市场不断发展的情势下，1990年4月18日，时任国务院总理李鹏宣布建立上海证券交易所。同年6月，朱镕基访问香港、新加坡等地，向全世界许下千金一诺："上海证券交易所将在年内开业。"消息传出后，外电纷纷评论："这标志

着中国改革开放的目标不会变，上海证券市场及金融发展将矗立起一块新的里程碑。"

改革开放之前，金融业力求把一切信用集中于国家银行，实行改革开放以后，我国开始重视计划经济与市场调节相结合，发展有计划的商品经济。而这一体制恰恰要求间接金融与直接金融相结合，以间接金融为主，直接金融为辅，建立和完善金融市场。从这个意义上来讲，上海证券交易所的横空出世并非偶然，同时这也同开发开放浦东的重大战略决策休戚相关。

上海证券交易所的初创过程，确实遇到了不少政策瓶颈，包括一些硬件设施，以及协调处理与各个方面关系的问题。基于这一背景，"三人小组"在筹备期间明确了上海证券交易所有待解答的一系列难题，包括定位、规则以及具体操作问题等等。

莫打"小九九"，要打就打"中华牌"

上海这颗"东方之珠"正在擦去蒙尘，渐渐焕发光彩。证券交易所的选址之所以最终选择了上海，原因之一便是20世纪80年代中后期上海市将规划开发的目光投向了与外滩金融街一江之隔的浦东。要开发浦东，中央表示不能给予资金支持，只能给予政策支持，通俗来说就是中央只给"粮票"，而"钞票"得由上海市政府自掏腰包。开发浦东的预算约为8000亿元人民币，这对于自新中国成立后财政收入就大部分上交中央的上海而言，简直就是天文数字。这时，"联办"

的总干事宫著铭给朱镕基写了一封信，大致内容为要想开发浦东，就要借全国的钱，最好的办法就是建立一个证券交易所。这个建议引起了朱镕基的重视，龚浩成认为，这也在一定程度上坚定了他建立证券交易所的决心。上海把设立上海证券交易所列入浦东开发开放的政策中，写报告向中央请示，中央给予了高度重视。

一些"老银行"难免会有这样的想法：上海先后建立了证券交易所、外汇交易中心，在当时都由中国人民银行上海市分行主管，随着时间的推移这些机构面向全国，显然中国人民银行上海市分行不能继续主管了。上海证券交易所由中国证监会管理，外汇交易中心则由中国人民银行总行管理，上海银行间同业拆借市场也由中国人民银行总行直接监管。这种想法的"弦外之音"是人行上海市分行千辛万苦把一个个项目做成功，最终却被有关主管部门"回收"，那么上海市分行是否有必要再这么热衷于建设新项目？龚浩成态度很鲜明，不管怎么样，这些机构都搬不出上海，只要这些机构都还扎根于上海的热土，上海金融中心的建立就指日可待。所以，看问题要有"一盘棋"的全局观念，不能斤斤计较权力得失而打各自的"小九九"，改革的目标是要把上海的金融业建设好，把上海这座城市整体建设好。

凡事预则立，不预则废。在讨论起草《上海市证券交易管理办法》的日日夜夜里，龚浩成抱定的指导思想和定位就是"立足上海、面向全国"。在最初勾画的蓝图中，上海证券交易所就被设计成了全国性的证券交易场所。1990年4月，时任国务院副总理姚依林带领中央一批同志来上海调研，主要的课题就是关于浦东开发的问题，其中有一个小组专门讨论金融改革事宜，这个金融组里有各方面的专家，包括国务院参事等。在金融组开展的讨论中，上海的金融改革情况由龚浩成作为代表汇报，他当时介绍的就是上海证券交易所的筹建事宜以及具体规划。

龚浩成回忆，筹建涉及的一个重要问题是，上海证券交易所决定实行非营利单位会员制，而非实行股份制。具体来讲，会员须是本地证券机构，证券机构经过向上海证券交易所申请，得到上交所批准后，都可以成为会员。对于这个问题，当初有位业内人士对龚浩成的意见未敢苟同，他认为会员不能仅仅是上海的机构，如果是这样，这就排斥了其他地区的机构，上海证券交易所就将变成上海的证券交易所，不符合之前的设想，这当中存在原则性的差别。

忠言逆耳利于行。龚浩成认为这位同志的意见非常中肯，当场就把管理办法中的条款改成："凡是在上海设立营业机构的证券机构，经过申请和批准都可以成为上海证券交易所的会员。"譬如前文提到的浙江证券公司，虽然归属浙江的机构，但是它只要在申城设立营业机构就可以成为会员。这一前一后差别很大，加几个字，改一改，上海证券交易所变成了全国性的证券交易所。这次规则上的改动，最终也明确了上海证券交易所"立足上海、面向全国"的定位。

不再"比手划脚"，电脑撮合开国际先河

证券交易所已在中国大陆消失了数十年，筹备组的大多数工作人员只在茅盾小说《子夜》里读到过证券交易场景的描述，操盘手打着手势比比划划，扯开嗓子高声喊价。即将诞生的交易所到底采用什么方式来交易？

传统方式当然是打手势语辅以高声喊价，例如昔时东京、纽约等交易所就采用打手势语的方式。具体操作即在交易所中心场地设有交易员，楼上为各会员单位的人员，要买进或卖出，就向下面的交易员打手势。打手势语必须正确规范，譬如买进有买进的手势，抛出有抛出的手势，哪只股票、什么价格等等规范制式的手势语。这种语言看似古老，却在全球证券交易市场"畅行无阻"。如此方式最大好处是现场气氛活跃，比如看涨的时候，你打买进，他也打买进，你打六元一角二分，我打六元一角三分，惊心动魄的氛围感就很容易营造起来。就好比进入拍卖场，槌起槌落之间，竞拍者多少会出现"人来疯"心理，你举牌，我也举，拍价节节攀高，有道是"激情可以调节人生，热闹可以烘托行情"嘛。

按照"国际惯例"，起先龚浩成建议上海证券交易所方面也采用打手势语的交易方式。上交所很快物色了一批员工开展培训，但后来演练了两次，两次都打错手势，越是到关键时刻越是失误连篇。"铜钿银子关心境"，股票交易绝对不能出错，假如某人买进四元六角五

分，却被打成四元七角五分，一股一角钱不要紧，但交易所里均为每笔几十万股的数量，差之毫厘，失之千里。

闭门开会一讨论，龚浩成改弦更张，觉得还是放弃打手势语这种方式。这时，筹备组的尉文渊听说新加坡、中国台湾等新兴证券市场正在推行计算机交易，主张尝试用电脑自动配对的方式，可以确保准确及时，而且数据包容量大。然而，电脑撮合这一操作方式，大家孤陋寡闻，一头雾水，没有半点概念，于是邀请了上海财经大学基础部一位教授计算机的老师谢玮，他过来帮助开发股票交易配对。龚浩成记得，系统开发需要大笔资金，而交易所白手起家，经费捉襟见肘，但一不做二不休，他当场拍板决策，从向人民银行借来的500万元筹备款中硬挤出100万元，聘请专业人才投入计算机交易系统的初创开发。

1990年盛夏时节的申城，溽暑熏蒸，尉文渊和"外援"谢玮的心里也是火热如焚，他俩组成了上海证券交易所技术系统的攻关组，尉文渊考虑整体方案，谢玮负责具体建设。他们了解到，那时的外汇交易中心也采取电脑配对交易，虽然业务数量较少，而证券交易所每天配对的数量车载斗量，量的变化也可能会引起质的变化，但基本原理应该是一致的，便前往学习取经，汲取了专业养分，完善了开发思路。

功夫不负有心人。尉文渊、谢玮联手同心，日夜连轴转，"非常6加1"（彼时实行6天工作制），按照集中竞价交易的"价格优先、时间优先、大宗优先"三个原则编写程序，终于成功实现了电脑股票自动撮合交易技术。"科技是第一生产力"。上海证券交易所从创建阶段开始就注重运用科技手段，较高起点搭建技术框架，不仅保证了交易的精准度，提高了工作效率，在国际上也开创了新方式。随后，越来越多的国家都放弃了打手势语的方式，转而采用电脑配对，俄罗斯证券交易所还派员专程来到上海证券交易所学习电脑配对技术呢。

上交所自开业的第一笔交易起始就昂首跨入了电子交易时代，这对中国证券市场的发展产生了深远的影响。在电子交易的基础上，上交所也"一带两便"解决了股票无纸化交易的问题，在当时，这又是一项具有世界领先意义的创举，推动和支撑了此后证券市场的快速发展。

严师出高徒　成为创业"左膀右臂"

筹建上海证券交易所的无数个日日夜夜，龚浩成最信任的得力干将便是尉文渊，他多次称赞尉文渊为上海证券业重振旗鼓、再谱新篇做出的巨大贡献。

尉文渊毕业于上海财经大学，曾是龚浩成的学生，学习成绩优异，个人能力比较强，当时系里的书记希望他能留校任教，但他志存高远，表态要去北京发展。那时上海财大归口财政部管理，毕业生基本上都被分配到上海各委办的部门工作，分派到外地去的学生屈指可数。然而，尉文渊一心向往北京工作，那时正在组建国家审

原上海证券交易所交易大厅

计署，他应聘录用，因工作勤勉，表现突出，32岁时被提拔为审计署人教司处长。

月有阴晴圆缺。虽然尉文渊工作岗位在北京，但妻子在上海市普陀区团委工作，夫妻长期分居，京沪两地奔忙，家庭问题一直是个麻烦。龚浩成履新人民银行上海分行担任副行长，觉得尉文渊人才难得，尽力调动他来人行上海分行谋职。只是当年异地调动困难重重，龚浩成费了周折，尉文渊终于被调至人行上海分行金融行政管理处。然而，当时人行上海分行正处级岗位早已"满员"，龚浩成对他说："现在只能委屈你正处级的干部担任副处长的职务了。"回沪那年，尉文渊还未满35岁。

当时龚浩成所在"三人小组"下设的办公室由王定甫负责，王定甫里里外外一手操持，任务甚为繁重，因而考虑把金融行政管理处将来对金融机构监管的工作交给尉文渊。到了1990年三四月间，筹建交易所的合适人选还物色不到，此时尉文渊找到龚浩成当即表态："龚老师，我去吧！没有人的话，就让我参加筹建吧。"于是龚浩成将尉文渊招至筹备组麾下。

出身于军人家庭的尉文渊在筹建证券交易所的过程中吃苦耐劳，雷厉风行，功不可没。龚浩成对他的忘我工作态度十分满意，他直言："假如换一个按部就班、墨守成规的人负责筹建的话，上海证券交易所的建设工作可能不会这么顺利，上交所也不一定能够建成今天这个样子。"龚浩成回忆，当时寻找交易所场地的时候，大家一致认为黄浦区是金融机构集中的地方，希望在黄浦区落实合适的地方，尉文渊冒着酷暑高温，满世界地寻找合适的场所，汉口路旧上海证券交易所已被分割出租，苏州河沿岸的旧仓库改建工程过于浩大，赶到紧邻苏州河的浦江饭店"孔雀厅"，一眼相中，大喜过望。经过龚浩成等"三人小组"反复考量，上海黄浦路15号这座有着150多年历史的欧式建筑就成了上海证券交易所的最初所在地。原本作为饭店餐厅的"孔雀厅"暂停营业"酣然入睡"，等来了中国资本市场的觉醒。后来筹办交易所最紧张的冲刺阶段，尉文渊废寝忘食，不辞辛劳，常常通宵达旦，有时索性家也不回，就驻扎在浦江饭店。

对此，龚浩成动情地予以肯定："上海证券交易所的发展是持续的，也是跨越式的，在备尝艰苦的创业条件下，尉文渊出色地完成了筹备交易所的任务，也可以说他就是创立交易所基业的得力人选。"

全球"最迷你"证券市场闪亮登场

1990年12月19日，黄浦路15号，经过多时筹备和多方努力，全国性的证券交易所——上海证券交易所横空出世了。龚浩成依然清楚地记得，那天在黄浦江和苏州河的交汇口、外白渡桥北堍的原浦江饭店门前，彩旗飘舞，鲜花簇拥，宾朋云集，汇聚了上海市政府主要领导人、社会各界乃至世界各地的来宾500多人。包括时任上海市市长朱镕基、副市长黄菊、市府顾问汪道涵、国家体改委副主任刘鸿儒、香港贸易发展局主席邓莲如等，均出席了开业典礼。

上午11时，朱镕基宣布"上海证券交易所开幕"，上海证券交易所理事长李祥瑞授权总经理尉文渊在交易大厅敲响正式开市的第一槌。新中国股市的首个交易日，进行交易的股票仅有8只（即股民熟称的"老八股"：延中实业、真空电子、飞乐音响、爱使股份、申华实业、豫园商城、飞乐股份、浙江凤凰）。半个小时后，前市收市时已成交49笔，当天的上证指数收盘点位是99.98点。这一天，中国资本市场的大门正式打开。

彼时的中国股市堪称"全球最小"市场：8只股票，12.34亿元市值。上交所开市首日成交1016万元，其中股票成交仅为49万元。当天晚上中央电视台《新闻联播》报道："引起国内外广泛关注的上海证券交易所今天正式开业，这是新中国成立后大陆成立的第一家证券交易所……"

昔日的浦江饭店，变身为近500平方米的交易大厅，巨型电子显示屏不断滚动出现最高与最低成交价，清脆悦耳的按键声骤然响起，只见一群"红马甲"迅速将客户委托买进或卖出证券的数量与价格，输入席位上的电脑终端。交易大厅内共安放46个席位，标志该大厅内可容纳46家会员。上海证券交易所电脑中心控制室与上海市各家证券机构的电脑终端联网，交易所的动态行情可同时在全市证券交易柜台的电脑屏幕上显示，上海万国、申银证券公司还专门设立固定的场所，供客户通过公司电脑终端了解行情，以便随时与证券公司取得联系，委托买卖证券……所有这些场景，一直延续到1997年证交所迁至浦东南路新址。

参加现场报道的《新民晚报》记者孙卫星还亲眼目睹了证交所开业典礼上鲜为人知的一幕：总经理尉文渊由于几个月过度紧张劳累，身体很是虚弱，当天早晨他脚肿得无法走路，但仍咬紧牙关挪步到2楼敲锣处等待敲锣。敲锣之后，他就瘫倒在地被送往医院……

值得一提的是，在上海证券交易所刚呱呱坠地之时，中文名为上海证券交易所，英文如何翻译却让主事者直挠头皮。从证券交易所的历史来讲，可翻译为Stock Exchange，但当时仍心存顾虑，译为Stock Exchange会不会遭到某些人士的攻击和批评？因为当时社会对于Stock这个词仍比较敏感，总认为是资本主义的东西，加之开业初始成交

　　上海证券交易所选择了浦江饭店这幢具有150多年历史的欧式建筑作为办公场所

的股票有8只，而国债交易有10多个品种。为此，龚浩成建议交易所方面暂时不要翻译成Stock Exchange，而是称为Securities Exchange，Securities也是证券的含义，叫Securities不至于锋芒毕露。所以，起步阶段的上海证券交易所一直译为Shanghai Securities Exchange，其简写为SSE，若称Stock Exchange，英文缩写也是SSE。这个英文名称直到交易所从浦江饭店搬到浦东时才改换过来。

在交易所成立后的三年中，在龚浩成的支持和推动下，尉文渊进行了多项尝试和改革。比如市场扩容，到1992年底，上市公司数量从最初的"老八股"扩大到近60家；比如扩大交易席位。交易所的会员从16家扩大到100多家，交易席位由最初的50个扩大到上千个，到1993年更是达到了6000个。

当年的那面发出脆响声的铜锣或许并没有意识到，它开启的是世界金融发展史上的一个奇迹：由"老八股"起步的中国股市，用了短短30年跻身全球资本市场"第一梯队"，成为仅次于美国的第二大股票现货市场。

"时间是伟大的作者，它能写出未来的结局。"浦江饭店再次回到公众视野中，已是2018年，这里建成了中国证券博物馆供人回溯历史。浦江饭店见证了新中国证券市场的孕育、诞生和成长。

五、吹尽狂沙始到金：证券交易市场的发展难题与应对

说起"改革"这个词，龚浩成认为有其特定含义，很多改革往往

都是被现实逼出来的。要想预设一个美妙的抽象目标，承诺一条铺满鲜花的阳光大道，通常事与愿违，欲速不达。

新中国的证券市场伴随着改革开放而逐步繁荣起来，在短短十几年中走过西方上百年的历程，其基本路径是"先发展后规范，在规范中发展"。作为经济改革的重要板块，证券市场在怀疑、排斥的声音里开始了艰难的起步，经过日复一日的尝试探索，才迎来日后的鹏程万里、成熟壮大。

股市不是"冷盘"更不是"热炒"

在龚浩成的记忆里，1989年至1991年上半年，上海股票发行市场除"延中实业""申华电工"各增资发行一次外，没有发行过新的股票。1991年下半年，上海股票发行市场重新启动，经中国人民银行上海市分行批准，"飞乐音响""爱使电子"向社会发行增资股票，上海兴业房产股份有限公司、大众出租汽车股份有限公司向社会公开发行股票。到1991年末，除已挂牌的8家上市公司外，还有"兴业房产"和"大众出租"两家已公开发行股票但尚未上市的公司。

针对上市品种不足的情况，龚浩成要求上交所重视扩大上市证券数量。到1992年底，扣除因到期兑付而终止上市的6种债券，实际上市证券45种。其中国债7种，金融债12种，公司债18种，股票8种，上市总额65.71亿元人民币，市价总额103.48亿元。随着上市品种的增加，市场规模明显扩大，交易日趋活跃。从开业至1991年底，实际开市日265天，累计成交34.5万笔，累计成交金额93.31亿元人民币，是上海证券交易所建立前上海证券市场历年累计成交额的一倍多。交易结构也有较大变化，在累计成交额中，股票累计成交额16.14亿元人民币，从以往的占累计成交总额2%提高到17.72%，国债占71.31%，金融债占6.84%，公司债占4.12%。交易市场逐渐呈现出以债券交易为主、向多元化结构发展的趋势。

初创时期的上海股票市场，以个人投资者为主力。1990年底，上海股市个人投资者3万人，到1991年末，参与股票投资并投资在册的投资者已达10万余人。上海证券交易所做过统计，两个交易日内，买卖数量在30股以下的委托次数分别占52.8%和49%。个人投资者不仅在人数上占有绝对优势，而且在委托交易构成中也占据半壁江山。

数据说话，结果导向。当年一家社会机构曾对上海证券市场的个人投资者做了一次问卷调查，调查结果显示上海证券市场个人投资行为有以下特点：其一，投资者普遍年轻化。40岁以下的占68%，40-49岁占16%，50岁以上的占16%。其二，短期入市者多。参与证券交易少于半年的占45.78%。其三，投资者来源狭窄，79.4%的投资者是企业职工和机关团体工作人员，其他行业的投资者所占比例不超过10%。其四，中小投资者众多。如果以5万元作为划分投资者的界限，当时上海证券市场上投资在5万元以下的占90.97%，其中5000元以下的占26.49%，5000元至1万元的占39.01%。其五，以短期持有套取差价为主。45.86%的被调查者回答"看准股票涨跌，赚取买卖差价"。其六，未经过股市风险的洗礼，风险意识淡薄。投资者普遍存在"买股票必赚""政府不会让老百姓吃亏"的心理，有78.45%的被调查者自称投资股票没有亏损过，股价上升，使投资者误将未经实际交割的账面增值全部计入了盈利。

1991年股票市场总体走势比较平稳，股价有升降起伏，尤其是春季和9月份，经历了两次较大幅度的波动，总体呈波浪上涨，但股价盲目涨势有所抑制。上海证券交易所股票价格综合指数于1991年7月15日首次对外公布时，当日收盘指数为133.14点，当年12月31日的收盘指数为292.76点，股价总体水平比开业时上涨了1.92倍。

龚浩成揣时度力，因势利导，在股市供求严重失衡的情况下，为了稳定股市，他指示上海证券交易所采取各种手段。一是交易所坚持在稳定的基础上搞活交易，不单纯追求交易量，不急于把股市搞热。二是从上海股市的实际情况出发，采取涨（跌）停板和流量控制等调控措施，并注意调控力度，在新股发行跟不上的情况下，暂停机构投资者和会员公司自营买入股票，鼓励抛出库存股票，想方设法平抑供给缺口。三是加强对投资者风险意识的宣传，如上交所总经理尉文渊数次在《上海证券报》头版以答记者问的方式引导投资者提高风险意识，进行理性投资。这些措施在一定程度上抑制了股价的盲目上涨。

纵观上海证券市场初期，债券交易一直是主力军。据统计，1991年发行国家债券22.92亿元，国家投资债券5.7亿元，金融债券5.49亿元，地方企业债券7.07亿元；上市债券品种37种，占当年证券交易所上市品种的82%；债券上市总额62.98亿元，占当年交易所上市总额的95.8%；市价总额74.05亿元，占当年交易所市价总额的71.56%；成交金额37.59亿元，占当年交易所成交金额的82.3%。上述数据可见，1991年，在上海证券市场上，债券不容置疑地担当着"领衔主演"的角色。

"大胆试大胆闯"犹响耳畔鼓舞信心

曾几何时，社会主义国家要不要发展以及如何发展证券市场，一直都是非常敏感的问题，涉及的理论禁区也比较多。1992年春节前后，面对当时包括证券市场在内的经济领域及其他领域出现的一些重大问题，邓小平在视察南方期间发表了对中国未来产生重大影响的谈话。"证券、股市这些东西究竟好不好，有没有危险，是不是资本主义独有的东西，社会主义能不能用？允许看，但要坚决地试。""改革开放胆子要大一些，敢于试验，不能像小脚女人一样，看准了的，就大胆地试，大胆地闯。""允许看，但要坚决地试。看对了，搞一两年对了，放开；错了，纠正，关了就是了。关，也可以快关，也可以慢关，也可以留一点尾巴。怕什么，坚持这种态度就不要紧，就不会犯大错误。"

邓小平的这番重要谈话，结束了社会主义国家该不该有证券市场的争论，对股份制和证券市场进行了肯定，解决了长期争论不休的姓"资"姓"社"的问题，这极大地鼓舞了证券界人士的信心，空前地促进了证券市场的迅猛发展，也在龚浩成的内心深处扎了根。

春风似剪刀，剪出万紫千红；春风似画笔，画出浅绿深红。南方谈话后，国家体改委旋即在深圳召开全国股份制企业试点工作座谈会，肯定了股份制试点的重要意义，指出"坚决试，不求多，务求好，不能乱"。同年3月，李鹏总理代表国务院在第七届全国人大五次会议上所作的《政府工作报告》中对股份制改革提出了中央决策性意见："实行股份制是筹集建设资金和监督企业管理的一种有效方式，并有利于促进企业机制的转变。要积极进行发行股票和证券交易市场的试点工作，抓紧人员培训，完善规章制度，健全交易秩序，为股份制经济与社会主义建设服务。"

回眸中国股市发展史，1992年前后的发展与跃进是极为重要的时刻，龚浩成总结了这一时期具有几个鲜明特征：一是规模化，上市公司的数量、股票的数量、股民的人数、营业部、中介机构的数量都有了爆发式增长。二是全国化，遍地开花的证券营业部，股民的积极参与以及证监会的建立，使得股市的影响力和辐射效应从上海地方向全国扩展。三是市场化，股价放开就是当时推进市场化的一项重要举措。四是法制化，当时的证券市场还有很多漏洞，很多制度也是从那时候起逐渐建立起来的，比如当时证券营业部是可以挪用股民资金的，股市从1500点跌到300多点的时候，很多挪用股民资金的案件瞬时爆发出来，很多从业人员因此锒铛入狱，后来才规定了证券账户和资金账户分离的制度。五是国际化，当年推出了诸多创新之举，例如人民币特种股票（B股）市场的建立，境外证券公司、投资机构等都参与进来了。这段时期，也发生了几件影响中国股市的大事，堪称中国股市奠基与跃进的关键期。

认购证从"隔夜饭"变成"香饽饽"

"股"以稀为贵。想当初，沪上百姓街头相遇的问候语，已经不是"吃了吗"，而是"股票买了吗"。20世纪90年代初彼时的股票供应严重不足，投资者对新股的认购异常踊跃。龚浩成坐在办公室里，听相关人员向他汇报，那年兴业房产发行股票，发行方式为每个居民凭身份证可以领取预约券，而后根据预约券进行编号抽签，这种预约券便是股票认购证的雏形。但投资者认购实在太踊跃，导致偌大的江湾体育场挤满了领取预约券的人，最后秩序大乱，在场的工作人员包括警察纷纷后撤，有的落荒而逃，最终还有出现了人员受伤的情况。为了保证安全地发行股票，当时主管上海证券市场的中国人民银行上海市分行，商讨决定了30元1份股票认购证的发行方案。

1992年初春，龚浩成召集管理部门开会研究，推出了新股发行办法。当年股票发行实行认购证摇号中签购股，认购证每份收费30元，有效期1年，单位和个人均可按规定时间到银行办证。在这个发行办法中，制定了两点确保股票安全发行的规则：一是在长达一个月的时间内各大银行网点随时可以购买，二是无限量发售，有多少需求就供给多少。这样可以避免类似江湾体育场人潮汹涌的局面，将社会治安隐患降低到最小程度。那一年的股票认购证封面烫金，封底印着"股市有风险，入市需谨慎"的醒目字样，内有一式四联的可复写凭证，要求投资者填写自己的姓名和身份证号码，并注明1992年度全年的股票发行就靠认购证，认购证发行所得的资金将全部将捐给上海福利事业。

令人始料未及的是，从兴业房产股票发行的无成本领取预约券，到30元一份的股票认购证，这种设定认购"门槛"的方式，"吓退"了一大批盲目购买股票的投资者，导致认购证的发行一度出现了门可罗雀的窘况。银行除了在网点柜台竭力营销外，还派信贷员到自己对口的工矿企业去"游说"推销，即使这样，销售情况仍很惨淡，乏人问津。然而，计划不如变化快，"冰火两重天"的转折点很快到来，原定规划全年发行10只股票，但由于股份制改革的力度倏然加大，1992年全年发行的股票多达53只，这样中签率势必"水涨船高"，认购证一下子从"隔夜饭"变成了"香饽饽"，在"黑市"被狂炒至天价，30元一份的认购证被炒到了600至1000元。昔时万国证券黄浦营业部门前成为"黑市"认购证的集散地，每天都聚集着众多的"黄牛"。那些最初买了认购证的市民，很多一不小心成了百万富翁。

挤！挤！挤！1992年初，上海的证券营业网点仅有几十个，而股民却猛增至数十万，股市的火爆导致开市时间几乎所有营业网点都门庭若市，散户们排队挤得浑身湿透也不一定能抢到理想的买卖股票委托。在紧邻上海证券交易所的爱建金融信托公司营业部，许多股民扛

上海股票认购证摇号仪式

1992年发行的上海股票认购证（上海市银行博物馆藏）

着躺椅和被子通宵排队领取委托单，原因在于营业网点寥若晨星，交易所席位捉襟见肘，一个营业部一天只能完成几十笔交易，有的地方甚至连电话也没有，不得不限量发放委托单，导致很多投资者特别是中小投资者、散户无法买卖，当股价上涨投资者获利抛售时，众多拥挤在网点大厅里的股民往往抛不出去。原定1元的委托单，居然在黑市卖到200多块钱一张。众多股民纷纷"吐槽"，要求增设证券营业网点。

按照当时的金融规定，金融机构不能异地设置机构开展业务，但龚浩成认为不妨"大胆试、大胆闯"，上海证券交易所开始大规模吸收全国各地的证券经营机构作为会员，大幅增设场内交易席位，从最初25个扩大到1992年底的500多个席位。

在龚浩成积极稳步地推进下，中国人民银行上海市分行1992年下半年开始对设置证券网点给予大力支持，允许外地银行下属的信托公司在上海设立业务部，业务部成为交易所的会员，业务部可以下设一个或多个证券营业部，这样全国股民就能互相买卖股票。市场的"断头路"被打通了，上海的股市通过外地证券营业部的联接真正成为了畅通无阻的全国性市场。

"莫名其妙发财，稀里糊涂破产"

"1992年后，股票供求严重失衡，股票价格暴涨。大多数股民都还是糊里糊涂地开始炒股，莫名其妙地发了大财。一位交易所门口卖饮料的老太跟着别人买了若干股"深发展"（深圳发展银行股份有限公司的股票简称），后来爆炒米花似的变成了1000多万元，不可思议，示范效应太强了。"诸如此类的市井消息，不时传到龚浩成的耳朵里。

上海证券交易所正式营业之初，上市股票仅有8只，能流通的面值不足8000万，造成那时供求关系严重失衡，股价空涨。上海证券交易所最早实施的是涨跌停板制度，从1990年12月19日到26日，涨跌停的幅度为5%。由于"老八股"连续涨停，股票"僧多粥少"，供不应求，为控制市场风险，从12月27日起，涨跌停幅度调整为1%。1991年1月7日起上海证券交易所进一步把涨跌停幅度调整为0.5%，并一直实施到1991年4月26日，此后又恢复1%的涨跌停幅度，直至1992年上海证券交易所着手放开股价。在实施1%和0.5%涨跌幅的那段时间，上海证券市场交易量寥寥可数，有的股票甚至连续几天都"吃白板"。深圳证券交易所早期的涨跌停板制度与上海证券交易所基本相同，但自1991年下半年起，深圳证券交易所已逐步取消了涨跌停板制度。

很快，市有关部门开始着手解决上海股市发展的问题，其中的重要一步就是放开股价，取消涨跌停板。在龚浩成观来，放开股价的意义在于尊重市场，充分利用市场规律调节市场。

其实，从1992年2月5日起，管理层已经开始逐步放开股价。2月18日，先放开"延中实业""大飞乐"两家的股价，结果两股价格大幅飙升，"延中"涨幅达到70%，"大飞乐"涨幅为46%。4月13日，又放开"小飞乐""真空电子""浙江凤凰"的股价涨跌幅至5%。5月21日，上海股市全面放开股票价格。饱受涨幅控制的上市新股突然爆发，成倍上涨。上证指数从20日的616点涨到21日收市的1265点，涨幅达105%。到5月25日，上证指数已飙升至1420点。上证指数及个股，不论绝对涨幅还是相对涨幅，都创下了股市空前的纪录。其中"豫园商城"在5月21日、22日两日内完成了从7000元、8000元到9000元的"三级跳"，并最终于5月25日达到令人咋舌的10009元，成为一只天价万元股。5月29日沪市平均市盈率达到疯狂的250.06倍。

此后，股指一路下滑，熊态初显。8月7日，上证指数跌至1005.95点，险些跌破1000点大关。8月9日周日，《新闻报》刊登了上海市体改委副主任蒋铁柱的讲话："最近上海15种股票的平均价格是面值的数十倍，若在此时，我们抛售一部分股，就能赚进数十倍的现金，对于平抑目前过高的股价也有积极作用。"8月10日周一，《上海证券报》又刊登了当日将举行第4次认购证摇号的消息。上午开盘后，股价即以排山倒海之势连续三天狂泻，最低跌至580点。

仿佛高危病人打起了"强心针"，此轮大跌中，一些可以自营的证券机构受令进场托盘，一度起到了些许作用，使股市止跌回稳，但最终无济于事。当时上海市也采取一些措施，如法人股不许上市、新股节奏放慢，等等，试图救市。由于股市"一落千丈"，主管上海证券交易所的中国人民银行上海市分行副行长周芝石还受到人身攻击甚至威胁。上海证券报报眉赫然印有"股市有风险，投资须谨慎"的提示语，就是那时候由上海证券交易所首任理事长李祥瑞提出来的。

龚浩成回忆，1992年10月12日，党的十四大胜利召开，上海的新闻界评论"上海股市突飞猛进"，一改以往宣称"股市过热"的论调。报纸还称赞华夏、国泰、南方三大证券公司的建立，表示这将对股价起到杠杆调节作用，给股民带来将有托盘资金注入的希望，不过反响平平。10月26日，上海参加第4批摇号的7家公司开始办理认购缴款手续，当日股市大跌，个股平均跌幅都在10%，10月27日，股市收于450点，再创新低。至11月13日，上证指数一度跌至393点，创下熊市以来最低点。

"政策就是行情"，基于当时的市场环境，政策对于股市的作用可以说是立竿见影。就在此时，出现了两条利好消息：一是电真空、爱使、申华将拆细为每股面值1元；二是江泽民总书记将在证监会主席陪同下莅临上海考察。上海股市迎来了转机。11月23日三只将拆细的老股"电真空""小飞乐""申华"与新股"联农""冰箱压缩"上涨，带动股指启动，截至11月30日，上证指数以724点收市，比10月底的507点上涨了42.8%。

直击"8·10事件""宝延风波"匡乱反正

一石激起千层浪！1992年8月10日，深圳发生了百万人抢购新股认购证的风波。1992年8月7日，中国人民银行深圳市分行等联合发布1992年度《新股认购抽签表发售公告》，宣布发行社会公众股5亿股，发售抽签表500万张，一次性抽出50万张有效中签表，中签率为10%，每张抽签表可认购1000股。

消息见报后，马上就有人在一些发售网点排起队伍。各地大量人群涌入深圳。深圳某邮局收到一个重达17.5公斤的包裹，里面竟然是2800张河南洛阳某乡乡民的身份证。当时进深圳要持有特区通行证，办理通行证手续比较繁琐，深圳农民早已形成"地下一条龙"服务，每位须付40元，由人引领带路钻过铁丝网进入特区。从8月7日下午开始，全市300多个发售点前就排起了长龙。8月9日凌晨，数十条长龙出现在深圳街头，少则几百人，多则几万人。尤其是深南路与红岭路交界的十字路口，左边的金融大厦排队人数达5万名，而右边的红岭大厦也有2万人，相隔不远的发展大厦也不低于1.2万人。仅深南路10公里沿线，排队的人就超过了15万，而人数不断增长，远远超过官方预计的60万人。牵一发而动全身，远在上海的龚浩成也在密切地关注深圳的疯狂动向。

8月9日上午8点，深圳市303个网点同时开始发售抽签表，然而怪相频生：有的发售点开门营业没多少时间，便宣布抽签表售罄；有的数千人的排队队伍中，只有30多人买到抽签表；还有的发售点刚刚宣布卖完，便有"黄牛"手握数以百计的抽签表出没街巷，以每张500元至800元的高价四处兜售。晚上9时左右，所有的抽签表被宣布售完。

上百万人兴冲冲而来，两天两夜餐风露宿苦苦等候，最终没有多少人买到抽签表，这下可"炸开了锅"！由于缺乏经验，组织工作不严密，加之利用关系"走后门"等不正之风和舞弊行为，新中国股市历史上的第一起恶性事件在猝不及防中爆发。十万火急之际，深圳市政府于连夜决定增发50万张抽签表兑换券，翌日全部售完。而11日当晚深圳市长郑良玉发表电视讲话，号召市民识大体、顾大局，珍惜深圳经济特区来之不易的安定团结局面，事态才渐渐平息下去。

"8·10事件"让中央未雨绸缪提高了警惕。证券市场的迅猛发展对加强市场监管提出了要求，事件发生后，国家迅速成立了国务院证券委员会和中国证监会，全国人大也酝酿讨论制定《证券法》，标志着证券市场统一监管体制开始形成。虽然中央的证券监管机构已经成立，但当时沪深两地的上市公司、证券交易所、证券机构的行政管理仍然是由地方政府负责。

对比深圳"8·10事件"，龚浩成认为，其时上海市政府领导非常有远见，1993年3月成立了上海证券管理办公室，即"证管办"，由杨祥海担任主任，负责沪上证券市场的管控，管理上市公司、证券交易所、投资者的证券市场投融资行为，包括新股发行审核、认购证发行及购买，等等。

话分两头，各表一端。中国证券市场第一例通过在二级市场收购流通股而获得控股权的案例为"深圳宝安"并购"延中实业"，这起并购一时甚嚣尘上，影响甚巨，开上市公司并购重组之先河，被称为

"宝延风波"。

1993年9月，宝安开始通过子公司在二级市场买入延中实业股票。截至9月29日，宝安子公司宝安上海、宝安华东保健品公司和深圳龙岗宝灵电子灯饰公司已分别持有延中实业4.56%、4.52%和1.657%的股份。9月30日，宝安公司发布公告，称已持有延中实业发行在外的普通股5%以上。其实宝安公司玩起了"文字游戏"，此时宝安已经持有延中实业15.89%的股票。由于当时延中实业的股票结构为个人股90%，法人股10%，因此深圳宝安成为了延中实业的第一大股东。

这起收购，令延中实业的管理层猝不及防，倍感意外，对于宝安"暗渡陈仓"的行径，延中方面愤愤不平。由于宝安控股延中的过程极其不规范，存在诸多违规之处，延中认为宝安存在联手操作的可能，属于故意"闯红灯"。

为保护公司和股东的利益，当时延中向有关法院提起诉讼，并将公司所掌握的证据呈报给前来调查的国家证券监管部门。另一方面，延中聘请专家作为反收购顾问，开始应对这一事件。中国证监会经过调查，宣布宝安通过二级市场买入延中的股票获得的股权是有效的，但宝安与其关联企业在买卖延中股票的过程中确实存在违规行为，处以罚款100万元上缴国库。双方这才坐下来开协调会，后来达成协议，宝安入主延中以后，延中实业董事长和总经理不变，协议签订的第二天，延中实业撤诉。

目睹了"宝延风波"事件始终的龚浩成事后评说,"宝延风波"对证券市场的规范化运作有着重要的意义,不仅直接引发了万科举牌"申华"、天极举牌"飞乐音响"等一系列同类事件,更为重要的是围绕其来因去果,逐步培养了一批研究资本市场运作规律的人才。

[龚浩成金融断想录]

"蹄疾而步稳,勇毅而笃行"。1992年10月,中国证监会成立,我国证券市场仍是一边循序渐进向前迈步,一边强调它的试验性质。从证监会初生到成熟壮大,中国证券市场一路行来虽曲折无比,但却总是在曲线中不断前行。龚浩成自证券市场建立之初,从未停止思考它的未来,即便在退休以后,也始终关注着中国证券的未来。千禧年前后,中国加入世界贸易组织(WTO)的进程不断加快,中国的金融业界面临着未知的机遇与挑战。1999年11月15日,中国就加入世界贸易组织与美国达成了协议,其中关于证券市场开放的内容主要包括:允许中外合资基金公司从事基金管理业务并享有同等待遇;允许合资券商扩大在国内的业务并享有同等待遇;允许外资占少数股权的合资券商承销国内债券及以外币计价的有价证券。而入世的具体条件事实上更加苛刻。2000年5月,龚浩成参加了上海财经大学证券期货学院联合金融学院、上海证券报共同发起的"加入WTO与中国金融市场"全国研讨会,并在会后主持编撰了《加入WTO与中国金融市场》会议论文集,其中就加入WTO后,对中国证券市场将受到的影响与变革进行了广泛而深入的思考讨论。

龚浩成充满前瞻性地看到，尽管我国的证券行业在国际上并不具有优势地位，但中国证券市场的国际化发展在资源配置领域具有其理论依据：国际化能够使得证券市场通过资金流动配置资源的领域更加宽广，资金流向更加合理，社会经济效率可望提高。通过市场效率的比较，国际化发展至少在三个方面将推动证券市场的发展。第一，参与国际投资，能够开辟更多投资渠道，获得更适合投资方的、相对高收益的资金投资回报；第二，开放国内市场，能利用比较优势，吸引国际资本的流入，吸引更多的资金投入；第三，将引入竞争机制，激励我国的证券行业更快发展。

世纪之交，中国的证券市场、证券行业虽已经起步，但在市场规模、监管模式、人才结构、市场运作机制等方面与国际有着不小的差距，市场结构不合理、市场机制不健全、市场主体不成熟等各方面的问题十分明显。加入WTO，中国的证券市场必然会迈出与国际接轨的步伐，包括投资银行在内的外资证券机构以及它们的市场运作规则与管理机制，将会给中国证券市场带来直接或间接的冲击，中资机构将会面临来自外资机构的重大竞争，市场的监管要求和监管难度也大大增加。

国内证券市场与国外的差异首当其冲在于市场规模，这其中又包括股本和市价规模、投资者规模、上市公司规模与证券经营机构规模等。从整体证券市场的股本和市价规模来看，我国沪深两地交易所与发达国家和地区的交易所存在较大差距，国内的上市公司数量少、单个公司规模也小，譬如上海证交所上市公司平均市值为3.64亿元，而纽交所则为56.2亿美元。就证券经营机构来说，证券公司或投资银行在市场上的发展程度很大程度上取决于它自身的资本实力，这是很多证券公司进行增资扩股的原因。全球范围内，投资银行与商业银行的合并、混业经营已成趋势，国际金融业界也呈现出批发性投资银行与零售性证券公司合并的趋势，这都是为了扩展资本。另外，几乎所有具有一定知名度、有一定规模的投资银行或证券公司都纷纷上市，目的也是相同的。国际国内比较来看，国际上著名的摩根士丹利达到180亿美元的资本金规模，而中国最大的证券公司银河证券公司，其资本金规模经过折算后仅有大约5.5亿美元。加入WTO后，国内证券公司将参与更大规模的全球性交易，增加资本规模势在必行，政策上也要为此创造条件，例如开辟多种融资渠道，允许符合条件的证券公司上市，以及鼓励券商之间并购重组、壮大实力，实现规模化经营。

龚浩成认为，管理与监管也是国内证券市场的短板，而考虑到证券公司的专业性、高度的风险性，尤其需要加强管理。外国资本市场通过百年的发展历史，已经探索出较为规范严密的管理体系，例如美国的证券市场是最自由又是监管最严格的市场，它的监管分为联邦政府管理、州政府管理和券商组织自我管理三个层次。而我国证券市场的监管层次单一，主要依靠政府实施强制性监管，市场违规现象屡屡发生。而欧美证券市场长期的竞争中发展出了以行业自律为主、政府监管为辅的体制，而这种自律性管理主要体现在资源投资管理、客户资信管理和财务风险管理三个方面，这些既是中国证监会正在研究建立的体系，也是国内企业值得学习效仿的模板。然而，国内仍存在政府对证券市场影响过大的现象，从计划机制向市场机制、行政手段向法律手段的过渡仍在进行之中。

国内证券市场在人才方面也与国外有所差距，尽管国内的从业人员规模不断扩大，学历结构也不算低，但严重缺乏在成熟证券市场受过实际锻炼的人。另一方面，国内需要树立把人才真正地当成公司资产的理念，证券投资行业是靠脑力劳动来创造价值的行业，发达国家的投资银行会把50%以上的开支投入人力资源，除了企业的商誉以外，人才是最受重视的要素，它们把钱花在有用的人才上，而不是办公楼宇或高级轿车，这点与国内同行有很大差别。中国加入WTO后，随着国外投资银行的竞相涌入，必然会在人力资源上产生激烈的竞争。

另一方面，证券市场产品结构和创新能力同样在竞争中举足轻重，这受到市场的发展程度、政府的监管水平等因素的影响。产品本就是经过人们的设计和创新而产生的，更可以不断地开发新的产品以满足客户的需要，缺乏创新能力的券商企业就无法具备足够的竞争力。相比于国际投行，刚刚起步的国内券商业务比较单一，基本上局限于发行承销的业务，而国外的投资银行犹如金融百货商店，为客户提供各种各样的金融服务，多样化的服务需要依赖创新能力。而国内券商的创新能力较弱，长期听从政府的指示，按部就班，待客上门，也不利于促进产品创新，这样的企业在今后的竞争中可能就会陷入失败的境地。因此，国内证券市场应当采取各种方法鼓励创新，中国的证券企业也必须发展出这样的能力。

从服务对象即客户的角度，龚浩成表示加入WTO与国际接轨也会为证券市场带来很大的变动。以上市公司结构来看，开放前市场封闭，证券公司基本上都是向国内的上市公司提供服务，提供各种金融产品，但这种趋势随着市场的开放与发展、政策的宽松会发生重大变化，旧有的上市公司将经受考验，优胜劣汰。国内上市公司的结构将发生很大变化，由中资垄断上市公司服务的现状会发生根本性的改变，未来国内的上市公司可能出现高科技领域的民营企业、外方控股的大型跨国公司以及垄断性的国有企业等新增长点，而那些真正有生命力的、受市场欢迎的企业可能有相当一部分是接受外资服务的，所以国内券商将在争夺客户上面临更艰巨的挑战。

是机遇，也是挑战，龚浩成对此满怀信心。我国加入WTO后，证券业将会面临严峻的挑战，包括公司规模的挑战、经营人才的挑战、行业管理的挑战、业务创新的挑战、争夺客户的挑战。国内原本证券市场的结构不合理、市场机制不健全、市场主体不成熟的短板将会明显地暴露出来。但同时也充满机遇，这一国际化的变革将促进国内的金融体制改革进一步深入，可以提供平台，让国内更好地学习外国先进的管理经验和技术手段，提高自身竞争力，从而更有机会充分利用全球资本市场，实现中国证券业和资本市场对外开放，获得国际市场的认同。

第三篇章

不破不立，破而后立

上海金融业对外开放的推动者

　　"栽得梧桐树，引得凤凰栖。"汇聚"金融先行"的热流，光靠以身作则迁楼"东进"还不够，需要拿出足够诱人的"硬核"举措，才能吸引更多中外资银行进驻陆家嘴。在新大楼建造过程中，龚浩成、毛应樑两任行长"磨刀不误砍柴工"，源源不竭推出一系列倾斜政策：中资银行凡至浦东设立分行者均可提升经营规格，外资银行凡在浦东注册登记者均可增设营业机构，信贷比例控制和外汇买卖管理适度从宽，鼓励引进和运用国际通行的金融工具筹措海外资金，鼓励证券、投资、保险等非银行金融机构进驻浦东……

"居高声自远，非是藉秋风。"龚浩成执掌中国人民银行上海市分行，恰是上海金融业逐步开始对外开放的关键时期。作为一名目光深邃、视野开阔的学者型官员，龚浩成对上海金融业的规划向来都站在可持续长远发展的角度，具有胸怀天下的大智慧、大视野、大格局。

放眼寰宇，金融业在任何一个国家都是关系国计民生的重要行业，各个国家对其开放都持谨慎态度，而金融业的开放，往往可以体现一个国家整体对外开放的程度以及改革的坚定程度。改革开放初期，对内需要扩大改革，对外需要引进外国资金，同时引进外国先进的金融监管理念和管理方式。眺望浦江两岸，"浦东开发，金融先行"似乎成了最佳的途径。汪道涵曾形象地比喻说："如果浦东的开发开放为上海的发展这出戏扩大了展示舞台的话，那么金融证券市场的蓬勃兴起则是为它带来了精气神。"

恰如百舸争流，千帆竞发，上海酝酿筹划浦东开发，同时也率先迈出了金融业对外开放的重要步伐：根据同上海经济交往的密切程度，选择不同地区的若干家外商银行，允许其在上海设立分行，解决了地区平衡问题；发行人民币特种股票（B股），增加了投资范围，扩展了投资方式，更广泛地吸引了外资；打破保险业"画地为牢"的局面，成立了合资和独资保险公司，借以引进新的业务品种和营销理念，全国第一家股份制保险公司破土而出，繁荣了申城保险事业；健全完善外汇市场，从创建外汇调剂中心开始，逐步建立外汇交易中心。上海浦东开发有效带动了长江流域和长江三角洲的经济发展，产生新的辐射力和凝聚力……

龚浩成学术功底深厚，学贯中西，抱着上海金融业对外开放坚定不移的信念，及时把握国际金融市场的最新进展，并在金融实践中善于思考，勇于创新，敢于"吃第一只大螃蟹"。申城金融业的对外开放，不仅引进了外资、境外客户和新的经营理念，还增加了国内金融机构的危机感，塑造了物竞天择的良好金融生态，为金融消费者提供全方位、多样化的优质服务。

一、风物长宜放眼量：上海浦东开发开放的金融序曲

光阴似箭，岁月如梭，早在1986年江泽民担任上海市市长的那会儿，上海就向国务院提交了《上海总体规划方案》，国务院在批复中正式明确了开发浦东的目标，并将之上升到国家战略的高度。1988年5月，上海组织召开了有百余位国内外专家"智囊"参加的"上海市浦东新区开发国际研讨会"。

中央关于开发浦东的意图酝酿已久，但是在政策正式出台前，上海仍难以获得真正的支持，并且经初步估算，整个开发完成所需

资金达8000亿元人民币，这显然不是政府财政所能支撑的。在上海工作两年多的经历，让时任上海市市长朱镕基更加深切地体会到，要解决上海发展的根本问题，必须充分利用浦东的空间和中央的政策优惠，用比较少的成本解决上海当时面临的人口十分拥挤、交通非常困难、工业过分集中、污染比较严重等问题，提出要"通过浦东开发，使上海这个城市整体成为全国最大的经济、贸易和金融、信息中心"。

1990年1月21日，改革开放的总设计师邓小平来到上海过春节，谈到上海浦东的开发工作，鼓励上海市委、市政府的官员胆子要放开。那年大年初四的上午，邓小平欣然登上新锦江大酒店41层的旋转餐厅，一边透过宽敞明亮的玻璃窗眺望上海中心城区的面貌，一边说："我们说上海开发晚了，要努力干啊！"时隔一个月，上海向中央提交了《关于开发开放浦东的请示》，同年4月18日，国务院总理李鹏在上海宣布："中央决定同意上海市加快浦东的开发，在浦东实行经济技术开发区和某些经济特区的政策。"没过多久，上海市人民政府宣布开发浦东的十项优惠政策和措施"呱呱坠地"，随后国务院有关部门和上海市政府向中外记者宣布开发开放浦东的九项具体政策规定，浦东的开发开放随即进入实质性启动阶段。

东方风来满眼春。1992年春天，邓小平再度莅临上海，语重心长地鼓励道："上海过去是金融中心，是货币自由兑换的地方，今后也要这样搞，中国在金融方面取得国际地位，首先要靠上海！"

这时，党中央对浦东开发开放已经形成了一个比较系统的思路，即"一个龙头、三个中心"的部署：以浦东开发开放为龙头，把上海建设成为中国的经济、金融和贸易中心，从而带动长江经济带实现跨越式发展。

和煦春风传遍了申江大地，也吹进了龚浩成的心田。浦东开发政策的落地落实，为上海在改革开放的棋局中后来居上，积蓄了发展动能，贡献了巨大财富，插上了腾飞的两翼。而身担要职的龚浩成，义无反顾地担负起上海金融业对外开放前期的重要规划师。

1.7平方公里陆家嘴如何"化茧成蝶"

浦江奔涌，东方潮阔。从农田遍布、芦苇摇曳，到高楼大厦林立、金融机构云集，浦东开发开放三十余载，陆家嘴天际线刷新的不仅仅是高度，还有金融改革的广度和深度。

龚浩成亲眼见证了金融业开发开放的核心区域——陆家嘴金融贸易区"招贤纳士"的历程。1990年12月，朱镕基主持了浦东新区总体规划审议会，计划先从黄浦江边的陆家嘴金融贸易区开始，打造一个中国与世界、现在与未来相融合的上海新标志区域。其率先启动的中心区域虽然只有1.7平方公里，但在这个范围内，有5万居民、52万平方米旧住宅、325家单位以及43万平方米的旧工厂和仓库。这片区域在未来有着十分巨大的发展潜力，它将成为纽约的华尔街、伦敦的金融城。"这些地区的规划，我们不一定完全自己做。""陆家嘴是上海的一个面孔，我们紧锣密鼓地搞起来，总体规划搞国际招标设计、搞规划竞赛，这也是一种宣传。"朱镕基说。

当时的浦东新区共有五个分区，对于朱镕基而言最大的问题是，中国的第一个国际金融中心应该建在哪里？1990年11月27日，朱镕基认真听取了"三个难、三个有利"的调查报告。报告建议金融贸易区建在陆家嘴，其中提出，陆家嘴是浦东开发起步条件最好的地区之一，但是陆家嘴开发有"三个难"：一是历史发展凌乱，等级不高，占地不大，拆迁量大；二是地处要道，世人瞩目，议论多，要求高；三是第三产业为主的投资政策敏感，项目不容易得到审批。同时，也有三个有利因素：首先，地段好，各家企业有兴趣，外资虽然暂时观望，内资已有愿意来"啃骨头"；其次，地下管线设施相对较好，项目启动后直接可以使用；第三，虽然动拆迁量大，但是集中开发，可以形成气候。总而言之，陆家嘴金融贸易区项目一旦启动，几年后看到成就，将会有效地树立上海对外开放的新形象，浦东浦西都看得见。龚浩成也作为智囊团成员参加了方案的讨论。

千锤打锣，一锤定音！上海市委、市政府决定，金融贸易区就建在陆家嘴。朱镕基提出两个要点，一是要加快开发启动；二是以国际规划竞赛的形式设计规划（后来改成方案征集），即使征集的方案不一定合适，也是一个绝佳的城市形象国际广告。"梧高凤必至，花香蝶自来"。英、法、日、意、中五国的设计师各显神通，拿出了各自的设计模型，陆家嘴金融贸易区规划建设由此拉开序幕，历时两年，最终集各家所长完成了陆家嘴中心区域的规划，为上海国际金融中心的建设奠定了基础。此后，法国的夏邦杰设计事务所与中国的设计师一起，完成了陆家嘴中心区、世纪大道、世纪广场、世纪公园的一体化规划。望着图纸上陆家嘴的迷人远景，龚浩成也在心里演绎着未来金融城的万千气象。

英国著名设计师理查·罗杰斯看了陆家嘴的方案模型赞不绝口，对中方团队一连说了三个"没想到"："没想到你们把各个国家的概念理解得这么到位，没想到你们能结合中国的地形把这些概念结合得这么完美，没想到你们的动作这么快。"他还说："你们要有信心，我可以这样断言，今天你们来向我请教，用的是我们的教材，学的是我们的经验。照中国的发展速度和你们对这些内容的理解力，在下个世纪的教科书上，一定会出现你们的规划和建筑。"英国人的这番话，对于陆家嘴的拓荒者而言无疑是振奋人心的。

"太师椅"率先坐镇为金融城"撑腰"

春天的帷幕缓缓升起，交响旋律的前奏已然鸣响，作为国家战略的集中承载地，"金融先行，贸易兴市，基础铺路，工业联动"是浦东开发之初就明确的首要攻略。然而，让人底气不足的是，当年的陆家嘴地区，除了原先零星设置的银行储蓄所，没有什么像样的金融机构，与建成国际金融中心所需具备的必要条件相距十万八千里，怎样将那些具有标志性意义的大型金融机构引入陆家嘴？

众所周知，浦东开发建设所需要的资金可谓天文数字，仅靠政府的财政投入无异于杯水车薪。初出茅庐的陆家嘴金融贸易区开发公司听了龚浩成的意见，先是邀请几家大型银行的行长聚集一堂，推介浦东开发规划蓝图，请求给予资金支持。会后，又安排行长们驱车来到小陆家嘴地区实地考察。不看不要紧，一看无信心：人口密集的棚户区，搬迁前景莫测的老企业，这个地方欲建成金融贸易区，难于上青天！

几番摸底调研，先行一步的开发建设者茅塞顿开：尽管浦东开发开放的政策业已公布，但外资看内资，内资看央企，都在徘徊观望。如果把中国人民银行上海分行这样级别的中央金融机构"请"进陆家嘴，就会激活和影响一大批金融机构纷至沓来，从而将全国乃至全世界的资金汇集到这块热土，为浦东开发建设提供重要支撑。

中国人民银行上海市分行之前在外滩23号办公，要把在外滩待了数十年的总部搬到几乎是"不毛之地"的陆家嘴，可不是一桩容易事。在龚浩成任中国人民银行上海市分行行长期间，上海市副市长赵启正曾向龚浩成建议跨江建造一幢大楼，把人民银行上海市分行搬至浦东船舶大厦对面，建立一个"浦江两岸金融中心"。然而，当时黄浦区政府则希望人民银行继续留在外滩，并愿意将惠罗公司房子调拨给人民银行。于是，这件事情便搁置了下来。时过境迁，这个"绣球"，抛向了刚刚履新接任中国人民银行上海分行行长的毛应樑。他琢磨着，中国人民银行在整个金融体系中居于核心和主导地位，因此，央行上海分行对浦东开发的态度，备受各大商业银行关注，都在观察人民银行的一举一动。"这副担子既然落在我的身上，那就让我们来带这个头吧！不是说要将那里辟为国际金融中心吗？把人民银行在外滩的办公大楼搬过江去！"

想当初，外滩23号大楼约有一半是人民银行的办公空间，比较公开透明，但是办事效率不高，环境也比较嘈杂，人们可随意进出；同时，机构的发展也让这里的空间开始显得逼仄狭小。然而，行内的不同意见甚嚣尘上，那时浦东的条件比较艰苦，交通靠轮渡，非常不方便，家里有小孩、老人的困难更多，许多职工提出如果让我们过江去办公，家搬不搬？不搬，上下班交通等生活上的不方便怎么解决？那里可是像乡下一样，一片荒凉啊！

古诗有云："显扬须力致，表率在身敦。"人行上海分行制定了推进国际金融中心的发展战略，"浦东开发，金融先行"正从纸面上落实到行动上。当时，浦东的地价为每平方米1400元，为鼓励金融机构的入驻，可以优惠到每平方米800元。相关方面因时因人制宜，及时做通员工的思想工作，人行搬家，势在必行！经过紧锣密鼓的筹备工作，1991年6月8日，中国人民银行上海市分行成为金融贸易区第一个签约进驻单位，同年12月18日，外观造型酷似"太师椅"的人行浦东新大楼奠基开工。

　　1995年6月28日，中国人民银行上海市分行迁
址陆家嘴

　　1995年6月28日，中国人民银行上海市分行新大楼落成仪式上获赠小白羊。图为中国人民银行上海市分行行长毛应樑（左）、浦东新区管委会副主任胡炜（中）、浦东新区管委会主任赵启正（右）

　　四年盈盈一瞬间，当一幢典雅别致的建筑终于像新娘掀开面纱一样渐渐褪去脚手架，它的巍巍之姿展现在上海浦东陆家嘴这块生机勃勃的热土上。有人惊呼："哇，一把太师椅！"这把在新时代用钢筋、水泥、花岗岩和幕墙玻璃制成的巨型"太师椅"，便是坐落于陆家嘴路和浦东南路交界处黄金路口的人行上海分行新大楼——银都大厦，它稳固持重、端庄而坐，正是陆家嘴金融事业不断尝试创新的背后靠山。1995年6月28日，一个浦东开发史上应该铭记的日子：中国人民银行上海市分行正式乔迁浦东！

　　"好礼"不言，下自成蹊。人民银行跨越黄浦江搬迁至浦东新楼，标志着陆家嘴金融贸易区正式启动。喜庆时刻，送件什么礼物既有意义又有意思？时任浦东新区管委会副主任的胡炜出了一个金点子："送活的羊呗，因为金融是领头羊。"这下可好，开发办的工作人员真的去市郊农贸市场买来一头小山羊。揭幕典礼前夜，还特意用沐浴露给它洗了澡，替四只脚穿上小袜子，并在羊脖子挂上了"金融领头羊"的金牌，装扮得活泼可爱，萌态可掬。

迁址仪式那天，龚浩成兴致勃勃来到了现场。当事先不知情的毛应樑接过以红布遮身的神秘礼物时，掀开一瞧，又惊又喜，瞬时被浦东新区领导充满寓意的祝福而感动万分。这头登上大雅之堂的"金融领头羊"，不仅成为浦东初创史上一段广为流传的佳话，也化作引领浦东开发开放的延绵驱动力。

"栽得梧桐树，引得凤凰栖。"汇聚"金融先行"的热流，光靠以身作则迁楼"东进"还不够，需要拿出足够诱人的"硬核"举措，才能吸引更多中外资银行进驻陆家嘴。在新大楼建造过程中，龚浩成、毛应樑两任行长"磨刀不误砍柴工"，源源不竭推出一系列倾斜政策：中资银行凡至浦东设立分行者均可提升经营规格，外资银行凡在浦东注册登记者均可增设营业机构，信贷比例控制和外汇买卖管理适度从宽，鼓励引进和运用国际通行的金融工具筹措海外资金，鼓励证券、投资、保险等非银行金融机构进驻浦东……

有道是"榜样的力量是无穷的"。"太师椅"率先挺进陆家嘴腹地，众多中资银行及其他金融机构纷纷入驻浦东，选址建造办公大楼或营业场所。一时间，位于浦东大道上最早建成的中国船舶大厦成了

"香饽饽"，挤挤插插涌进了多家外资银行机构。打算在浦东设立分行的日本富士银行，由于未能找到合适的场地，四处托人求助，央行领导急人所急，腾出空间，让对方在人民银行新楼里临时借房，先开业办公，再勘探落实营业网点。

伴随着中外金融机构的接踵而来，多家国家级金融要素市场——证券市场、期货市场、外汇交易市场等纷纷落户浦东。有人将浦东陆家嘴中心区比作"东方曼哈顿"，每天都有数千乃至上万亿资金在这1.7平方公里的区域内"流动"。海外媒体如是描述："中国的银行业中心，中国的股票市场加速器——在上海、在浦东，你甚至可以感觉到银子在街道中流淌。"

"一招棋活，全盘皆活。"金融一盘活，资金如开闸之水滚滚奔涌而来，才有了今天浦东开发开放的巨大成就。眼下，浦东已集聚了13家重要金融要素市场和基础设施，银行、证券、保险等持牌类金融机构达到1100余家，上海已经成为中国金融对外开放的最前沿、金融改革创新的先行区，金融市场体系完备，中外金融机构集聚，堪称金融发展环境最友好的城市之一。

"浦东发展银行"差点取名叫"东方银行"

浦东开发，金融先行。改革春意盈浦江，上海没有一家本地银行，而申城作为长江流域经济龙头的地位日益显现，迫切需要金融"源头活水"不竭而至。受到小平同志南方讲话的鼓舞，党的十四大又作出"一个龙头，三个中心"的重大决策，即以上海浦东开发开放为龙头，进一步开放长江沿岸城市，尽快把上海建成国际经济中心、金融中心、贸易中心，带动长江三角洲和整个长江流域地区的新飞跃。1992年3月，上海市委经讨论决定，在保留上海投资信托公司的前提下，另行筹建一家地方性银行，以服务浦东开发开放为主，带动长江流域经济发展，并明确了这家银行地方性、股份制、综合性的性质。

还在筹建初期，龚浩成就对这家即将诞生的银行提出"二要三不要"：不要办成迷你型的国有专业银行，也不要照搬照抄外国银行模式，更不要办成新中国成立前的旧银行，要走自己的路，要办出特色。

怀胎中的银行叫啥名合适？筹建组负责人北上央行陈述己见：因为上海地处祖国东部沿海，风从东方来，最好取名"东方银行"，气魄比较大；叫"上海银行"也不错，开宗明义，简洁了当。可惜，这两个方案都被听取汇报的人行常务副行长郭振乾否决了，他建议："就叫上海浦东发展银行吧，已经成立的深圳发展银行、广东发展银行都带'发展'两字，没有浦东开发开放，也就没有浦东发展银行。"想想也对头啊，上海浦东发展银行（简称"浦发银行"）——就这么定了！龚浩成也觉得这个行名更具时代性和地域性。

鉴于浦东正处大兴土木的开发阶段，办公用房紧缺，只好在浦西

1993年1月9日，浦东发展银行在宁波路50号原上海商业储蓄银行大楼开业

寻觅地方。1993年1月9日，在宁波路50号，曾经是"中国摩根"银行家陈光甫创立的上海商业储蓄银行大楼里，浦发银行揭牌仪式隆重举行，大厅中央"为社会主义金融事业闯新路"的题词格外醒目，上海金融史翻开了崭新一页。刚从上海市副市长岗位上退下来、此时出任浦发银行董事长的庄晓天回忆："之所以选择这里，考虑改造比较方便些，因为设有金库和保险库，底层大厅保留了当年的银行格局，楼上则可作银行办公。"

四年后，外滩万国建筑群陆续置换，那幢被誉为"从苏伊士运河到远东白令海峡最讲究的建筑"的汇丰银行大楼易主，浦发银行成了新主人，自此迈开了从长三角区域性银行向全国性商业银行转型的坚实脚步。

"作为改革开放的产物，浦发银行的成立和发展肩负特殊的使命。"见证了这家银行蹒跚学步、一路走来的龚浩成深有感触。含着浦东开发开放"金汤匙"呱呱坠地的浦发银行，始终以"排头兵"和"先行者"的姿态，投身于热火朝天的浦东建设征程中。在众多与浦东经济腾飞休戚相关的重大项目背后，都有着这家银行鼎力相助的身影。这些项目，既有被誉为浦东乃至上海门户的浦东国际机场，也有作为陆家嘴天际线担当的上海中心大厦，还有与老百姓生活联系紧密的三林旧区改造

明者因时而变，知者随事而制。浦发银行刚开业不久，恰逢浦东国际机场从规划走向开工建设阶段。在浦东国际机场从无到有、破茧成蝶的过程中，浦发银行扮演了机场建设资金的总筹措、总协调和总顾问的角色。早在1995年10月，浦发银行就与浦东国际机场签订财务顾问协议，组建专职团队进驻机场，先后完成融资方案设计、投资计划安排、投标办法制订、投资理财方案设计等项工作。项目紧锣密鼓启动后，浦发银行索性把办事处开到了国际机场领地，为客户提供一揽子、全方位的金融服务，为浦东国际机场建设项目及其配套工程累计提供约24亿元贷款。流光易逝，过往近三十年的"攀亲结缘"，浦发银行对浦东国际机场的金融支持信守不渝、从未中断，而这只不过是浦发银行数以万计项目中的一个缩影。金融机构与浦东这块热土"双向奔赴"，彼此成就。

大珠小珠落"银"盘的幕后推手

一声悠长的汽笛声，破开平静的水面，将日出江花唤醒成一幕撩人心扉的风景。浦江对岸的东方明珠电视塔，巍然挺拔，高耸入云，仿若一根粗壮的织线针，将蔚蓝天空与如茵草地编织起来，又把过往记忆与今日繁华串联成篇，深情续写海上金融故事的新传奇。

468米的绝对高度，曾经让"东方明珠"跃居亚洲第一、世界第三高塔，然而鲜为人知的是，东方明珠差点"半途夭折"，原因就是碰到了筹资难题。

曾几何时，坐落在南京西路的220米上海电视塔，一度成为上海人驻足仰视的地标性建筑。改革开放春风轻拂，申城高楼大厦似雨后春笋般地破土而出，电视发射信号受"水泥森林"的阻挡，使不少偏远地区家庭的收视效果大打折扣。早在20世纪80年代中期，上海广电部门就摩拳擦掌，规划选址浦东陆家嘴，再造一座初定高度超过400米的广播电视塔。七七八八一算账，总项目投资为5000万美元，其中1000万美元项目配套资金拟由久事公司筹措，4000万美元考虑使用外国政府提供的混合贷款。

计划总赶不上变化快。由于外国政府突然毁约，"东方明珠"项目建设资金遭遇卡壳，太阳照在陆家嘴浦东公园的空地上，一晒就是好几年。其间，也曾试图找国内几家银行"临危受命托一把"，毕竟工程投资巨大，期限又长，各家银行均面露难色，望而却步。

从北京东路遥望建造中的东方明珠

1990年，国家宣布浦东开发开放的消息传来，真好比旱地里下了一场及时雨，"东方明珠"的话题重新摆到了市政府的议事桌面。这时，上海市广播电视局局长龚学平找到龚浩成，希望能帮助解决资金问题。钱、钱、钱，浦东建设大兴土木，哪里不缺钱呢？

　　光阴如梭，时过境迁，此时的"东方明珠"因设计面积扩大，建筑标准提高，加之物价变动，投资总额已由最初的5000万美元调整为6.2亿元人民币，随后又加码提升至8.3亿元人民币，其中银行贷款3760万美元和2.9亿元人民币。这在当年可不是一笔小数字呐，更何况众多市政项目全面铺开，"嗷嗷待哺"，外汇贷款受到额度限制"僧多粥少"，光凭某家银行的身板，势单力薄，怎么也举不起这一"超级杠铃"啊。对此，龚浩成给出的建议是：资金由国内银行自行筹措。

　　中国有好几句老话，诸如"人心齐，泰山移"，"一个篱笆三个桩"，"众人拾柴火焰高"之类，传递的是人多力量大、好办事的理念。与龚浩成的想法如出一辙的，即是后来成为"宇宙行"掌舵人、时任中国工商银行浦东分行行长的姜建清，他觉得可以借鉴国外银行的"他山之石"，组织召集包括外资银行在内的上海各大金融机构，运用银团贷款的方式来替代国际融资，可使资金不足和风险较集中的问题迎刃而解。他的大胆设想，得到了龚浩成的首肯，希望由工商银行牵头，研究制定"东方明珠"银团贷款的运作规程。

　　说老实话，尽管提了建议，但银团贷款对于国内银行来说，好比"大姑娘上花轿",没有先例参照,毫无经验可鉴,况且这又是浦东开发第一个被确定的标志性项目,姜建清肩头的压力沉甸甸的。碰巧,他与同事去北京出差时,在王府井新华书店觅得一本国内少见的专业书籍《银团贷款》,喜出望外,如获至宝。在查阅大量国际银团业务资料的基础上,字斟句酌,反复推敲,终于拿出一本结构严谨规范、符合国际惯例的银团贷款合同。

一人"领唱",众人应和。1991年4月10日,上海银河宾馆高朋满座,44家金融机构在这里签署东方明珠电视塔银团贷款协议,确定由工行浦东分行担纲银团贷款的主干事行和外汇银团代理行,对项目资金运用和贷款本息归还实行全面管理。

值得一提的是,当年金融界的"小弟弟"上海城市信用联社(后改制为上海银行),虽然尚未开办外汇业务,但也竭力参与了2000万元的人民币银团贷款,这笔款项还是由30多家城市信用社凑齐份额的。而"怀胎"中的上海浦东发展银行未能赶上首期贷款,也积极参与了后期的银团贷款,"好饭不怕晚"嘛。"东方明珠"银团贷款项目石破天惊,充分显现了上海金融业鼎力支持浦东开发开放、风雨同舟和衷共济的决心和勇气。

不过,"敢吃螃蟹"的姜建清回忆,尽管项目得到了龚浩成等领导的鼎力支持,但大家对"东方明珠"落成后的还款前景并不看好。按照上海市广播电视局提交的项目可行性报告,如登塔门票定为6元,预估客流,约需11年才能还清贷款本息。而银行在召开银团贷款

1991年4月10日，东方明珠广播电视塔银团贷款签字仪式

讨论会时，分别按5元、8元和12元的门票设定，贷款归还期相应为12年、8年和5年。会上，几乎没人敢相信游客愿意接受12元一张门票，有人甚至放言："陆家嘴周边一片荒凉，谁会登塔观光，就算5块钱我也不愿上去，不如买两只三黄鸡吃吃。"玩笑归玩笑，团队还是出于对浦东开发开放远景坚定信念，审批通过了贷款，但也做好了延期归还贷款的思想准备。

谁能料想，三年后的金秋时节，"东方明珠"开门迎客，按不同球体参观线路，门票定为50元至100元，依然挡不住如潮水般涌来的游客。每年观光人数和旅游收入节节攀升，在世界各高塔中仅次于法国埃菲尔铁塔，位居第二。电视塔落成仅过4年，就提前还清了全额银团贷款。对此，姜建清自嘲，看来当初缺乏"远见"，观念不够超前啊。

"东方明珠"的筹资案例，曾被昔日媒体称道为"探索出了中国银团贷款的新路，为浦东开发建设开辟了新的融资渠道"。"问渠那得清如许，为有源头活水来。"此后，南浦大桥、杨浦大桥、延安东路隧道、浦东国际机场、轨道交通、上海中心大厦、上海迪士尼等重大项目的资金筹集，也"如法炮制"，得益于这一模式，推动了浦东新区的面貌发生了改天换日的巨变。

二、争插新桃换旧符：恢复与引入外资银行

"节物风光不相待，桑田碧海须臾改。"申城要加快建设成为外向型的国际大都会，应当有规划、有步骤地吸引外资银行，允许其在上海设立分支机构，使上海可以更好地参与国际金融分工。但在20世纪90年代，是否允许外资来华投资，以何种形式进行投资，在决策层引起了不小的争论。龚浩成认为，外资银行在中国设立分行，总体而言，利大于弊。因为这些外资银行不仅能够带来资金、信息、客户，还可以扩大融资和筹资渠道，增加金融服务手段，助推进出口业务，并促进国内金融机构参与竞争，改善经营管理和金融服务，最终将有助于我国形成发达的金融市场。

老牌外资银行风雨同舟"枯木逢春"

虽然我国对外资银行的开放比较晚，但这并不意味着20世纪90年代以前，我国没有外资银行。在20世纪40年代之前，上海曾经是远东

地区的金融中心，外资银行数量众多，各类金融机构鳞次栉比，从外滩一直延伸到市中心几条主要马路，一时熙来攘往，财运滚滚。

回溯往昔，龚浩成心里对海上金融过往自有一本"账"。外资银行自1845年就进入了中国，在旧中国经营得风生水起。到1949年5月上海解放之时，中国境内仍有汇丰、渣打、有利、沙逊、花旗、大通、运通、东方汇理、中法工商、荷兰、安达、华比、莫斯科国民、友邦14家外资银行。新中国建立后，政府取消了外资银行的特权，禁止外币流通，将外资银行业务置于中国政府的监督和管理之下。除汇丰、渣打两银行继续营业外，其他外资银行陆续申请歇业。即便如此，这些银行的牌照并没有因此而被撤销，它们的牌照和机构仍然保留在上海，甚至汇丰银行还派遣两名员工至其上海的分支机构，由香港汇丰银行每月邮寄薪水以维持生活。另外，如香港的东亚银行和新加坡的华侨银行，因为规模不大，总行没有资金支付内地员工的薪水，中国人民银行便让它们代办中国人民银行储蓄业务，并允许其收取一定手续费，使这两家银行维持少数员工而不致"关门大吉"。上海解放以后，本就一直有外资银行的存在，因此，如果这些外资银行希望恢复营业，只要办理恢复营业的手续即可。

掐指算来，汇丰、渣打、东亚、华侨四家银行早期的经营活动，与中国内地都有着密切的联系，新中国成立以后，它们的内地业务经营从未间断，因此它们也成为改革开放后第一批开始在内地拓展业务的外资银行。繁忙的公务之余，龚浩成对这些银行的"前世今生"做了深入的调研。

　　1990年10月4日，龚浩成从汇丰银行董事长浦伟士的手中接过了汇丰银行上海分行重新登记的申请书。作为汇丰集团的创始成员和集团在亚太区的旗舰企业，香港上海汇丰银行有限公司是香港特别行政区最大的本地注册银行及三家发钞银行之一，最初由苏格兰人托玛斯·萨瑟兰德（Thomas Sutherland）于1864年在香港发起，系最早将总部设立在中国的西方银行。汇丰银行虽然在成立初期已经在全球建立分行以及代理行网络，但其主要业务依然是中国以及其他亚太地区。晚清政府建淞沪铁路、左宗棠西征、甲午战争，等等，都向汇丰贷款，使其成为清廷最大的债权人。20世纪初，汇丰已经是远东地区第一大银行，由汇丰经手买卖的外汇一度占上海外汇市场成交量的60%至70%。改革开放以来，它是首家取得内地银行牌照的外资银行，也是在内地投资最多的外资银行之一，因内地的经济及国际贸易的发展，汇丰银行不断扩大在内地的服务范围和分支网络。

　　没过多久，渣打银行也向龚浩成抛来了申请复业的"橄榄枝"。这家总部位于伦敦、亦称麦加利银行的老牌金融机构，于1853年在英国维多利亚女王的特许下建立，其业务主要集中于亚洲、非洲及拉丁美洲等新兴市场。1858年，渣打开设了包括加尔各答、孟买和上海在内的第一批三家海外分行。上海分行设立翌年，渣打银行开始在香港经营业务，并于1862年首次发行香港银行纸币，堪称香港历史最悠久的发钞银行。1969年，标准银行和渣打银行合并，成立了标准渣打股

1990年10月，第一家提出申请注册的外资银行——汇丰银行上海分行获准重新注册，右为龚浩成

票上市公司（Standard Chartered PLC），即渣打集团有限公司。沧桑百年，作为最早在中国设立分行的外资银行，渣打银行从未中断过在中国内地的业务运营。1949年中华人民共和国成立，渣打银行继续留在上海营业，遵循政府的要求协助打开新中国的金融局面。20世纪50年代，渣打银行对中国内地的贷款业务主要集中在化学及钢铁工业方面。改革开放以后，渣打银行在神州大地施展身手，安装电脑设备，扩大营业场所，竭力开拓业务，目前在中国拥有103家分支行，名列在华网络最广的外资银行之前茅。

无独有偶，另外两家历史悠久的外资银行亦不甘落后，竞相登上申城金融舞台"引吭高歌"，华丽亮相。1918年创立于中国香港的东亚银行，最初只是一家服务于本地居民的区域性银行，迄今已是香港历史最悠久、规模最大的独立华资银行，其发行的股票也是恒生指数成分股之一。自1920年东亚银行在沪上成立第一家内地分行之后，长期在内地开展业务。改革开放以来东亚银行稳步发展中国业务，先后在内地设立105个网点，跃居内地分行网络最庞大的外资银行榜首；而创办于1919年的华侨银行总部位于新加坡，是新加坡历史最为悠久的本地银行。1925年，华侨银行进入中国厦门开设分行，首次进入中国内地。作为新中国唯一保留的侨资银行，"守得云开见月明"，华侨银行努力扩展在中国的业务，改革开放后积极响应"西部大开发"等国家发展战略，获准在成都设立了中国西南地区第一家营业性的分支机构。

外资银行，粉墨登场，潮聚东方，重塑辉煌，真可谓"兄弟姐妹都很多，景色也不错"。面对满园"金"色关不住的蓬勃景象，龚浩成面露欣慰之色。

"朋友圈"扩容让"全球生意"更好做

行到水穷处，坐看云起时。20世纪80年代末期，西方国家杞人忧天，担心中国自1978年开始的改革开放大门即将关上，导致中国境内的部分外资相继撤离，原本承诺贷款的东方明珠电视塔的外籍投资方"放白鸽"临阵撤资即是典型的例子。开放带来进步，封闭必然落后。面临复杂多变的国际形势和经济环境，深化改革开放、扩大对外开放已成为全国上下的共识，也符合时代潮流，唯有拿出实际行动向全世界证明，中国开放的大门只会越开越大，而加快引进新的外资银行的步伐，无疑具有举足轻重的象征意义。

1989年12月2日，中共上海市委举办了市委常委扩大会议，会上提出了外资银行的进入问题。龚浩成亲身经历了这场具有跨时代意义的重要会议。他表示，那时上海虽然还没有提出建设国际金融中心的构想和口号，但作为经济重镇及开放性城市，拥有一定数量的外资金融机构是极其必要的。会前他曾多次飞往北京，向总行报告上海希望引进一批有实力的外资银行的设想。

如何引入外资银行，需要设立一个标准。当时引入外资银行的总体指导原则是：只有规模大的外资银行才有资格进入中国市场运营。因为大型银行可以带来客户资源，也可以带来运营资金。在此标准之下，龚浩成和相关方面一起选择了六家外资银行，美国、法国、日本各为两家。

同一个目标携手共进，同一个梦想合作共赢，引入外资银行对改革开放后中国的意义不言而喻，反而观之，中国的市场也为外资银行带来无与伦比的机遇，它们十分重视并珍惜进入中国市场的机会。关于外资银行的选择，还发生过一段"插曲"。日本第一劝业银行原本没有被列入首批外资银行的名单，这家银行的国际部经理听到"榜上无名"的消息后心急火燎，立即约访龚浩成，希望能将第一劝业银行加入许可的名单。当他得知龚浩成正在花园饭店参加会谈，便在饭店门口苦苦等候，终于"截"住了刚结束公务活动出来的龚浩成，两人一直商谈到更深夜静。这位经理说，劝业银行在日本金融界头角峥嵘，数一数二，但却没有能够跻身第一批外资银行进入中国，这样他回到总行没有办法交代，"无颜见江东父老"，甚至连饭碗都可能保不住。将心比心，急人所急，龚浩成将他引荐给了中国人民银行总行副行长陈元，经过反复游说，第一劝业银行终在最后关头"逆袭"进入中国首批外资银行的名单。

到1991年年底，已经有汇丰、渣打、东亚、华侨、三和、日本兴业、花旗、美洲、东方汇理、里昂信贷、东京、第一劝业12家外资银行在中国内地"安营扎寨"设立分行，这充分显示了中国改革开放的决心。1996年起担任东亚银行上海分行副行长孙敏杰回忆，最初外资银行尚无人员招聘的权力，龚浩成就委托银行公会组织公开招聘考试，他就是从当年1600余位应聘者中脱颖而出进入东亚银行，"理论上来讲是龚行长把我招进外资银行的"。那个年代，外资银行不仅仅引进资金，还引进了很多适销产品、管理理念和优秀人才，以至于后来金融业欣欣向荣全面崛起，不少人才还"回流"到各大中资银行，这种"双向奔赴"对于中国内地的整个金融开放起到很大的拉动作用。

东进！东进！1996年12月31日下午1时许，位于浦东陆家嘴金融贸易区的人行上海市分行——银都大厦12楼机要室内的传真机启动了，从北京传来了企盼已久的最新消息：中国人民银行批准美国花旗银行上海分行、日本东京三菱银行上海分行、日本兴业银行上海分行和香港汇丰银行上海分行四家在沪的外资银行迁址浦东，并试点经营人民币业务。当晚，上海的数家媒体都在黄金时间播出了这条新闻，称之为"上海向国际金融中心迈进的标志性举措"。

在龚浩成观来，外资银行在中国经营发展数十载，为中国经济发展作出不少贡献，同时，外资银行也借助中国的高速发展，实现了自身版图的扩张和稳健前行。外资银行"朋友圈"在中国改革开放的进程中发挥了不可或缺的作用，他们的全球化综合服务优势、先进的合规意识，都给国内银行业带来了新的活力与借鉴，逐步发展成为让世界和中国更好"做生意"的一座桥梁。

三、逆水行舟用力撑：B股市场应运而生及其政策影响

说起B股的前世今生，颇有几分时代色彩，起于我国资本市场熹微之时，完成历史使命后，似乎又将逐渐消隐于资本市场蓬勃发展之际。20世纪80年代，我国外汇资金极度短缺，部分外向型企业急需外汇融资，于是乎B股应运而生，境外投资者可以直接用外币认购，满足企业的外汇需求，在特殊的经济环境里展现出中国资本市场对外开放的襟怀。

何谓B股？科普一下，其为人民币特种股票的简称，以人民币标明面值，以外币认购和买卖，在境内证券交易所上市交易的外资股。B股公司的注册地和上市地都在境内，只不过投资者在境外，包括中

国香港、澳门及台湾等地区。上海B股市场的建立既是出于经济发展上大量融资的需要，也是为了应对国际政治局势和舆论的态度表达。在龚浩成的亲力推动下，中国人民银行上海市分行走在前列，研究发行办法、起草规章，为建设规范性的B股市场完善"顶层设计"，奠定政策基础。

外币第一股"电真空"脱颖而出

风景这边独好。20世纪80年代末，神州大地门户开放，气象一新，需要大量外资支持经济发展，而原有的以境外商业贷款和境外发行债券来获得外资的方式，存在方式不灵活、融资成本高、承担外汇汇率风险等一系列问题。同时，考虑到外国投资者往往对于股权融资较为熟悉，因此，中外双方均开始探索是否可以通过发行外币计价的股票来解决融资问题。

怎么办？上海市外资委、上海市体改办、中国人民银行上海市分行等部门群策群力，开始研究如何通过发行股票筹集外资的问题。龚浩成了解到，当时一些地方政府为了本地企业融资的需要，也大胆向中央提出发行外币股票的建议，中美合资上海施贵宝制药有限公司就曾计划发行股票给海外投资者吸引外资；而一些港澳台同胞、海外华人和外国人也希望突破传统的"三资"形式，通过购买中国企业发行的股票进行投资。2001年开始，境内个人居民可以投资B股，B股的诞生是股份制试点的一项开拓性的工作，是我国以"三资"形式吸引外资后，运用股权投资形式引进外资的新尝试。

龚浩成看到，B股市场的出现和证券交易所的创建一样，带有特定时代的政治背景。20世纪80年代末90年代初，国际资本的流动在苏联与东欧、东南亚和中国大陆这三大板块中，明显不倾向于中国大陆。这是因为苏联与东欧在发生了急剧的社会和政治变革之后，在吸收国际资本上呈现出咄咄逼人的态势；东南亚则因为从70年代开始的长达20年的经济起飞，已经成为国际资本投资的热土；而中国大陆内部对吸收外资抱着政治上质疑的态度，外部的部分国家又采取了经济制裁的措施，导致境外投资较大规模地撤出。对外开放和吸引外资方面，中国在早期较多采用国际长期信贷和实业投资的模式，基本没有股权投资的形式。

1990年6月，时任上海市市长的朱镕基赴香港考察时提出，要以股票形式吸引外国企业家来上海投资，指出这是一条既利用外资又不增加外债的新思路。于是，以人民币特种股票形式吸引外商股权投资的方案逐渐在上海金融管理层孕育和萌动。

箭在弦上，不得不发。上海浦东开发开放后，研究如何发行B股、引入外资的课题被逐步提上了政府办公会议议题。1990年，上海市市长朱镕基在香港考察时公开表示"上海证券交易所将在年内宣告成立"，且"可以以股票形式吸收外国企业家直接投资上海"。当年12月，上海的股份公司、国有企业、中外合资企业对发行B股表现出了极大的积极性。龚浩成殚思竭虑，走访多家企业，以期开垦出一方

中国首只人民币外资股票——电真空B股的股票票样

证券市场新野。

这当中，积极性最高的当推上海真空电子器件股份有限公司（简称"电真空"），为了抢滩玻壳市场，"电真空"的永新二期工程需要立即上马，而要向国外引进技术设备必须使用外汇。从1987年发行A股筹资中尝到甜头的公司董事长兼总经理薛文海摩拳擦掌，想要继续发挥股份制的优势，而且申请向国外发行股票达到一定比例后可以享受外资企业的待遇。1990年下半年，有关部门和"电真空"，以及上海申银证券公司专门组织了B股研究小组，就发行B股占公司总股份25%以上是否视为中外合资企业、B股的计价和购买对象以及适用法律等问题进行了深入的研究。

探索路径，皆在龚浩成的掌控之中。1991年，中国人民银行上海市分行已将发行B股列入议事日程，成立了以金融行政管理处牵头、申银证券公司参加的B股研究小组。1991年6月，中国人民银行上海市分行开始起草《上海市人民币特种股票管理办法》和《上海市人民币特种股票管理办法实施细则》，为B股的发行和交易提供了必要的法律依据。"现在想想，当时也是被逼出来的。"而一些国际大公司例如美林集团、美国西部信托投资公司等，都对中国即将发行B股表示出浓厚的兴趣，跃跃欲试，企望能够参与其中。

说干就干，人行上海市分行金管处与市外管局协同，在龚浩成的委派下飞赴京城汇报，列举股票和债券发行的各自特点：债券需要还款并在外债额度内经国家外汇管理局批准；股票可以筹集长期资金且成本低。当然，发行B股还有个好处，外汇汇兑风险不在中方。当时A股还有发行额度限制，七七八八算起来，上海手里只掌握着1亿人民币额度，发行B股无形中另辟蹊径"放大"了额度，考虑到同股价值应相等，上海方面将B股设计成以人民币计算股权、用美元结算价格，并把名称定为人民币特种股票。最后，国务院同意在浦东开发开放政策中给予上海发行1亿美元B股的额度。

白驹过隙，时不我待，"电真空"马不停蹄加快了B股发行的工作进度，发行方案愈发明朗化。上海申银证券公司也先后与近20家国内知名的具有实力的证券投资公司接触，并就发行价格、会计报表制度和行销协议等问题与之谈判。1991年11月30日"瓜熟蒂落"，上海

人民币特种股票首次发行签约仪式

真空电子器件股份有限公司B股总包销协议和分销协议签字仪式在上海展览中心宴会大厅隆重举行，时任上海市市长黄菊、国家体改委副主任刘鸿儒等出席了签字仪式。

足智多谋的龚浩成朝朝暮暮关注着市场动向，一切都在有条不紊地推进中：1992年1月15日，"电真空"发布了招股说明书；1月17日为定汇日；1月20日至22日为承销期；1月31日，境外承销商向主承销商上海申银证券公司付款；2月1日，上海申银证券公司向"电真空"付款。至此，"电真空"发行的100万股B股的工作顺利完成。发行采取溢价发售，每股面值100元，发售价为420元，发行总面额为4.2亿元，企业实际筹资4亿元，折合美元6749.6878万美元。2月21日，"电真空"B股在上海证券交易所挂牌上市交易。至此，中国证券市场开

　　1987年上海真空电子器件股份公司所属单位上海灯泡厂职工争相认购股票

始迈出与国际证券市场接轨的步伐。

B股市场之"十年河东，十年河西"

B股市场的一大优势，在于提升我国在国际上的影响力，吸引更多外资流入，随后陆家嘴B股、金桥B股、外高桥B股等陆续成功发行上市，可以说B股市场的发展也为上海浦东建设注入了活力。B股发行的另一优势，则是优化了公司法人治理结构。1987年电真空刚改制为股份公司的时候，下属各厂不少厂长为公司董事，党委书记担任监事。发行B股后，法人治理结构就有了明显的变化，形成了国有股权代表、外资股权代表、社会经济学家和职工代表共同组成的董事会，引进了独立董事。

善于"问道论道悟道"的龚浩成，总结了B股制度的四大创新之处。首先，B股市场开辟了新的筹集外汇资金渠道。与对外借款和发行外币债券相比，发行B种股票筹集外资只需支付股息、红利，不存在还本，可以避免出现周期性还偿高峰。其次，B种股票以人民币标明面值并计价，境外投资者无论是购买还是分得股息红利均是人民币，需要到外汇调剂中心调剂成外币，这样分散了投资风险和汇率变动风险。再次，企业发行B种股票之后，必然置于众多的海外投资者监督之下，促使企业按照国际惯例办事，参与国际市场竞争，改善经营管理，提高经济效益和国际知名度。最后，B股的发行将使众多境外投资者参与我国证券市场活动，有助于我国证券市场的完善和树立对外改革开放的形象。

　　龚浩成长期关注着B股市场在国内的发展，他将其后来的演进大致分为"三部曲"：第一步为1992年2月电真空B股在上证所上市，深南玻B股在深交所上市，宣告我国B股市场诞生。第二步从1992年至1999年，其中1993年大半年时间里月均成交量较少，股指基本上维持在51点至105点间大幅波动；1993年年末至1996年，B股指数从105点跌至47点，不过成交量有所增加；1996年至1999年2月，沪B股指数于1999年3月份创下了21.24点的历史最低纪录，此时B股成交量却不跌反增，继续上升，月均成交量上升至3.84亿股。第三步从1999年至2001年，B股市场运行开始发生转变，B股指数在历史的最低点21点起步后，逐步回升，走出三轮上升行情，第一轮从20点左右上升到60点上下，第二轮从35点左右上升到90点左右，第三轮从83点左右急升至241点左右。特别是2001年2月28日境内投资者入市之后，短短三月间，上证B股指数几乎上涨了两倍，甚至出现了交易额超过A股的惊人一幕。市场信心迅速增强，入市交易的投资者队伍迅速扩大，市场交易日渐活跃，B股市场的交易量不断创出历史新高。

　　上海与深圳B股市场在20世纪90年代初的创设，称得上是中国根据自身的历史和社会条件在全球资本市场上开发推出的金融创新产品，被国际经济界人士誉为"一个制度性的创举"。B股市场自建立以来，不仅为国家吸引了大量的外资，还带来了甚多有益于中国资本市场成熟与国际化的经验。这些经验既提高了我国证券监管机构的监管能力，也拓宽了证券经营机构的业务范围，将证券经营机构进一步推向市场，为随后《证券法》的出台与实施提供了背景。

如今，沪深两市共有B股97只，其中沪市50只，深市47只。B股总市值1137亿元人民币。2005年以后至今，B股市场未见新发行，市场融资功能几近消失。多年来，B股市场可谓命运坎坷。1992年2月，第一只B股"电真空"在沪发行上市；1992年到1997年六年间，B股市场每年以十几家的速度增长，其间的1993年，上市的B股达到了22家的历史纪录，至1997年底，在沪深两地上市的B股已达到101家。但随着H股、N股等企业直接到境外上市的步伐加快，境内企业通过B股市场吸引外资的意向日趋减少。尤其是自1993年红筹股、H股大量发行上市以来，B股市场为内地企业筹集外资的功能已大大弱化，无论市场总体规模还是单个股票流通规模，均不能与红筹股、H股相比。1998年之后，B股市场的发展脚步骤然减速，2000年后就彻底停顿了下来。迄今为止，B股市场基本停留在2000年的规模上。"十年河东，十年河西"，谁都不能否认B股对于早期证券市场的融资做出的巨大贡献。

四、草木百年新雨露：保险业重获新生与对外开放

"80年代是光明的，充满希望的，也是严峻的，充满考验的。"1980年1月1日清晨，人民日报的元旦社论《迎接大有作为的年代》刊发在各大报纸头条。改革开放春风的吹拂，焕发了申城的青

　　1980年6月，中国人民保险公司在上海召开国内保险业务座谈会，研究恢复国内保险业务的有关问题

　　复业初期，一帮"老保险"就是挤在上海市圆明园路34号4楼人均不到一平方米的狭小空间里办公的

　　1991年4月26日，中国太平洋保险公司暨上海分公司开业典礼在上海市漕溪北路1200号华亭宾馆内举行，后来又在北京人民大会堂再次举行庆典

　　春，也点燃了保险业的梦想。就在这一天，位于曾经的民族保险业发祥地，中国人民保险公司上海分公司正式复业，停办了12年的上海国内保险业，就此重获新生。

　　保险复业开张的集结号吹响，一批曾经有过从业经验的保险人迅速在圆明园路34号4楼集合。毕竟国内业务停办了十余年，此前从事保险工作的"老保险"都已满头银发，他们散落在当时的中国人民银行信贷、储蓄等岗位以及其他行业，很多人都以为"中国再也不会有保险了"。

　　十一届三中全会决定把工作重点转移到社会主义现代化建设上来，刚刚复苏的保险业犹如挣脱了捆绑在身上的绳索，破茧成蝶，意欲重振雄风。然而，与银行、证券、投资信托等行业的强劲势头相比，保险业的发展相对滞后。

屈指数来，保险业的发展踟蹰不前的原因多多：在思想观念上，以往那种认为保险不过是国家把钱从这个口袋搬到那个口袋的所谓"倒口袋"思想在社会上还有一定市场；在机构设置上，中国人民保险公司（简称"人保"）一家独大的状况没有根本改变，太平洋保险（简称"太保"）、平安保险以及上海的大众、天安等保险公司有的刚刚开业，有的尚在筹建中；在服务模式上，保险业相关服务裹足不前，"朝南坐"的官僚主义现象还比较严重，看不到各类中介组织的身影；在业务发展上，保险品种单一，基本上沿袭往昔的"老掉牙"业务，无法适应市场需求，创新力严重缺乏。那个年代，保险业在各方面的迟缓状态，已然成为整体跃升、再上台阶的较大阻力，而申城建立金融中心又客观要求银行、证券和保险业"三足鼎立"，统筹协调齐步迈进，"谁也不能掉队"。

火速赴京游说，外资保险准入"松绑"

事不宜迟！1991年8月18日深夜，上海市浦东开发办公室副主任黄奇帆从北京给龚浩成打来电话，交待了十万火急的任务：朱镕基市长要求龚浩成立即飞往北京，解决引进外资保险公司的问题。龚浩成马上联系有关单位，会同中国人民银行外资处负责人徐风以及太平洋保险、上海投资信托公司决策管理层的诸清、邵党娣、俞浩明、石一曙一行六人，于翌日抵京。

当晚，龚浩成顾不上旅途劳顿，径直奔往上海驻京办，向上海市副市长顾传训汇报工作方案，准备第二天去见国务院副秘书长何椿霖，争取他的支持和同意。首次进入中南海，龚浩成心里难免有些打鼓，顾传训却鼓励龚浩成："我们来一个分工负责，怎么送你进去，由我负责；怎么说服领导，由你负责。"次天上午，龚浩成面见何椿霖，围绕着引进外资保险的专题从三个方面作了汇报：首先，着眼于上海金融业的改革现状，分析了银行业和证券业均有所突破，发展较快，但保险业相对滞后的情况，说明需要采取重大举措，即引进外资保险公司，以推动上海保险业发展的必要性；其次，提出了引进美国国际集团的建议并说明原因，讨论了引进后的业务范围；第三，明确了如果获批则由中国人民银行上海市分行负责监管，并及时制定必需的管理办法。何椿霖听完汇报后甚为满意，明确表示，同意上海引进一家外资保险公司，首家对象选择美国国际集团（American International Group，简称AIG）。

金融业对外开放，不打无准备之仗。其实，早在1989年12月4日的上海市委常委扩大会议决定引进外资银行时，龚浩成就未雨绸缪，对外资保险公司准入的条件、管理办法、业务范围相应做了一些初步准备，按照他的理解，会议所指的外资银行，当然也应包括外资保险公司。不过，引入外资保险，阻力还是不小，当时一位全国知名国寿保险公司的总经理就明确投了反对票，理由是担心竞争不过外资保险公司。这位老总认为，世界上几乎没有一个保险市场在自己还没有形成和发展壮大前就对外开放的。其时沪上保险业基础"弱不禁风"，市场上的机构只有"人保"和"太保"两家，保费收入也仅有15亿元左右，真正意义上的寿险甚至还是一片空白。朱镕基的一番话，给了龚浩成勇往直前的信心："我们得让外资进来，带着他们先进的管理和技术。当然你得让人家进来后有钱赚，有甜头，人家才会来。"1991年春，美国国际集团的首席执行官格林伯格和友邦亚太地区总裁谢仕荣先后来沪，商谈建立分公司事宜。没隔多久，友邦保险也开始与市领导以及中国人民银行上海分行频频接触，共同商讨包括业务范围、合作对象等在内的关键问题。

取道京城，向国务院副秘书长汇报后，龚浩成一行还来到人民银行总行副行长陈元的办公室向其汇报，获得了他的大力支持。当龚浩成将获准引入外资保险公司的好消息报告朱镕基时，朱镕基甚为欣喜，指示龚浩成回到上海后立即拟定管理办法，准备有关报送材料，办妥向中国人民银行的正式申报审批手续。龚浩成的北京之行，获得圆满成功，外资保险公司获准进入中国市场。

历史总是惊人的相似，但又不会简单地重复。在龚浩成的印象里，外资保险公司的进入，带动我国保险业的发展，这本就是一个世纪前中国的保险业初生时走过的道路。无独有偶，改革开放后首个获准进入中国的外国保险公司，也是发迹于中国、现今名为美国国际集团（AIG）。

美国报纸惊现AIG"回老家"硕大汉字

龚浩成读过保险史话，美国国际集团原本就在沪上起家，曾有一段别有意趣的奋斗史。却说20世纪年代末，一位囊中羞涩的美国小伙史带孑然一身辗转来到中国，因为他其貌不扬，嘴歪肩斜，坊间得了个"歪嘴史带"的诨名。史带敏锐地看中了当时中国保险市场的广阔"钱景"，便于1919年在上海南京路15号二楼创立了美亚保险代理公司（American Asiatic Underwriters，简称AAU）。美亚在美国注册，总部设在上海，专营中国业务，创办时只有两间办公室和两名员工，仅能代理9家美国保险公司的业务，提供水险及火险。

未曾料想，创业伊始的史带遭遇当头一棒。1920年，美亚参与承保的上海北苏州路豫康公记堆栈发生火灾，损失惨重。美亚保险公司立足未稳，保费还没收到多少，就得偿付一大笔赔款，处境一时举步维艰，外界纷纷传言："美亚要赖账了！"不过，史带却逆大众之思路而动，不惜举债，抓住机会，变破产危机为发展机遇。在获得美国保险公会同意赔偿的意见之后，史带抢在同业之前，大张旗鼓地宴请客户和代理人，当众宣布如数照赔，此举为史带和美亚公司赢得了极佳的声誉，从此名声日隆，社会反响不俗。由此美亚公司步入正轨，业务量蒸蒸日上。

随后，史带利用美亚保险的赔款准备金创建了友邦人寿保险公司，进军人寿保险市场。取名"友邦"，亦有向中国人示好的含义，盖因友邦是第一家向华人推广寿险产品及服务的外国保险公司。史带巧思经营，使得保险业务蓬勃发展。他于1926年在纽约设立了美国国际承保公司（简称AIU），系美国国际集团的前身。中华人民共和国成立后，其全资附属公司友邦保险撤出了中国市场。1967年，史带将公司的帅印交给了莫利斯·格林伯格，而同样对保险事业充满了热情、且具有东方情结的格林伯格将重返中国定为自己新的使命。所以，美国国际集团在改革开放后再次进入中国，当属真正意义的"回老家"。

引进外资保险公司，龚浩成遇到了准入标准的问题，最终选择哪家保险公司，只能凭借主观印象进行判断。国际上知名保险公司林林总总，最终拍板美国国际集团，当然也远不止因为它与中国在历史上的深厚渊源。

莎士比亚有句名言："凡是经过考验的朋友，就应该把他们紧紧地团结在你的周围。"选定美国国际集团（AIG）作为改革开放后第一家进入中国的外资保险公司，其原因很大程度上在于当时的AIG董事长暨首席执行官格林伯格同中国深厚的情谊。早在1978年，AIG就已开始与中国政府接触，1980年迈出了重返中国的脚步，在北京开设了一家代表处。龚浩成注意到，AIG进入中国前后十余年，格林伯格时时释放善意，伸出"橄榄枝"，访问中国70多次，见过上海历任市领导，显示其对中国的友好态度。格林伯格甚至果断决策，指示AIG从欧洲一位收藏家手中拍卖了八国联军从北京颐和园抢走的珍贵文物

上海市中山东一路17号原上海字林西报大
楼，是世界保险巨头——友邦保险的诞生地

宝云阁铜窗，并将其作为礼物赠给中国政府，成功地帮助AIG在中国
塑造了诚信友善且值得尊敬的外资保险公司形象。

　　1989年丹桂飘香的时节，秋意渐浓，龚浩成作为中方代表参加了
上海市市长国际企业家咨询会议，应朱镕基市长的邀请，格林伯格担
任了首任外方主席。想当年上海经济刚刚蹒跚起步，朱镕基除了激发

沪上金融业生机活力，还将不少"洋高参"邀集申城，广开言路，听取他们对于上海金融建设的真知灼见。市长国际企业家咨询会议通常有职位，但没有薪金，出席对象一般都是外国退位的政要或知名企业的总经理、首席执行官等，他们大多自行飞临上海，有的甚至自掏腰包乘坐公务机前来参会。格林伯格既是咨询会议外方主席，亲临盛会积极地帮助出谋划策，还"捎带"了两位颇具影响力的人物前来参加市长国际企业家咨询会议，一位是美国里根政府时期的国防部部长卡斯帕·温伯格，另一位是里根政府时期的国务卿亚历山大·黑格，他们都不遗余力为上海重振经济献计献策。

有了这些缘分，加上AIG本身规模庞大，实力雄厚，经营方针创新进取，保险品种琳琅满目，一度成为全球最大的保险集团，业务遍及世界各大洲。因此，龚浩成推荐引进AIG，并终获批准同意。1992年，AIG在中国设立了其全资子公司友邦保险（American International Assurance，简称AIA）和美亚保险（American International Underwriters，简称AIU）。由于财产险和寿险分开经营的要求，友邦保险负责寿险业务，美亚保险负责财产险业务。龚浩成强调，市民街谈巷议的引进友邦保险，实际上是引进了友邦和美亚两家保险公司。

1992年重返黄浦江畔的AIG，领身于各国外资保险公司，捷足先登取得中国内地第一张外资保险经营执照。喜庆时刻，AIG在《纽约时报》等世界主要报纸上刊登了大幅广告，海报最醒目的设计就是"回老家"这三个飞扬而热烈的汉字。

THE ASIAN WALL STREET JOURNAL

The Chinese characters for "Welcome Home" can also mean "We're glad to be back."

American International Group, Inc. (AIG) is pleased to announce that we have received a license to operate an insurance company in the People's Republic of China. The first foreign insurer to do so in more than 40 years.

This is a proud moment for us, because AIG was founded in Shanghai in 1919, and we have long known that one day we would be back. In many ways, the business practices and traditions that we developed in China many years ago still guide our organization today.

AIG, through our affiliate, American International Assurance Company, Ltd. (AIA), will soon be operating out of our new offices in the American International Tower in Shanghai. Helping the people and businesses of Shanghai, as well as foreign businesses and individuals, with their life, property and casualty insurance needs. Just as we did from our offices at 17 The Bund on the Shanghai waterfront so many years ago.

AIG World leaders in insurance and financial services.

American International Group, Inc., Dept. A, 70 Pine Street, New York, NY 10270.

1992年友邦保险在《纽约时报》上
登出醒目的"回老家"三个汉字作为标题

　　曾经参与昔时开业历程的美国友邦保险有限公司中国区原总裁陈荣声深有感触地回忆："AIG对上海的感情可以从1992年的集团年报中看出。"这份薄薄的年报虽说区区二十几页，通篇是对AIG集团业务的总体描摹，无法对旗下的全球400多家公司逐一介绍，但唯一的例外是对友邦保险上海分公司大书特书了一番。翻开这份年报的首页，刊印在董事长致辞之前，便是惹人注目的黄色标题："AIG又回到了它的根（AIG returns to its roots）。"

截至2009年3月，友邦保险堪称唯一一家在中国内地设有独资寿险分支机构的外资保险公司。其后一段时间，中国内地再没有批出一张外资保险公司的独资寿险执照。友邦保险所享受到的这一待遇让AIG的国际竞争者羡慕不已。

"洋鲶鱼"搅动保险市场一池春水

AIG挺进中国市场"分得一杯羹"，首当其冲的是业务范畴划分的问题。龚浩成进京向何椿霖汇报时，何椿霖发问："外资保险进来做什么业务？"

关于外资保险公司业务范围的划分，当年众口纷纭，见仁见智，一直存在两种意见：中国人民保险公司上海市分公司方面认为，应当按币种划分，只允许经营外资企业和合资企业的保险业务，而不能染指中国境内企业和中国居民的保险业务。凡是涉及人民币的业务，AIG进入后一律不能经营，只能做外汇业务。这种划分方式的好处是范围明确，保护了国内保险公司的份额，但与国际惯例相悖，也可能导致"保护落后"。

而以中国人民银行为代表的另外一种意见则不赞成按币种划分，认为应该按照险种来划分，这比较符合国际上通常的做法。比如财产险，国有企业的财产均属国有财产，这部分的保险只能由中国的保险公司承保，外资保险公司不能参与；外国保险公司可以承保三资企业，即中外合资经营企业、中外合作经营企业、外商独资经营企业，因为它们的资本金都是按外币计算的，所以应当允许外资保险公司做财产险方面的业务。至于人身险领域，大部分由国营企业为员工投保，即是国家拿出一部分资金作为给职工的福利待遇，这部分险种外资保险公司显然不能参与；而散户的人身险，外资保险公司理应均可参与。

龚浩成并不赞同第一种按币种划分业务的做法，他给何椿霖举了个例子：假如中国银行在美国开设分行，美国能不能规定，中国银行在纽约只能做人民币业务，不能经营美元业务，这显然是不通常理的，那么同样道理，美国的金融机构进入中国只能做美元业务，无法涉足人民币业务，这也会让人贻笑大方的。

显然，何椿霖对龚浩成事前做足的"功课"颇为满意，随即表示就按中国人民银行的意见办，不按币种划分，而按照险种划分业务范围。AIG重回中国后的业务范围就据此确定，即财产险不能经营国有企业的财产保险，其余可以经营；寿险则不能做团体保险，因为当时的团体险是由国营企业为职工投保的集体保险，关于个人投保寿险的业务，则允许友邦保险经营。

仿佛水池里忽然放入了一条鲇鱼，AIG重返"故里"，无疑搅动了稍显平静的上海保险市场。AIG进入中国后成立了两个全资子公司，经营财产险的公司为美亚保险，沪上三资企业众多，业务资源相当充沛；经营人寿险的公司为友邦保险，它在中国最初的经营却引发了阵阵波澜。

好景重逢橘绿时。友邦保险公司登陆上海滩，稍后又正式迁回外滩17号友邦大厦，可称第一家回归外滩出生地的金融机构。应当说，外资保险进入中国带来的并不只是商业载体以及资金流量，更引进了先进的管理方式与较为成熟的商业模式。

友邦保险跻身申城市场之前，国内保险产品的营销模式以公司直销为主。在社会主义市场经济体制改革的风潮下，友邦保险不走寻常路，率先将保险营销员制度带进了中国，一时间"跑街先生""跑街小姐"进入千家万户，在上海市民好奇的目光中，这不仅是一个全新的职业，更是市民接触现代保险理念和制度的第一窗口。对于当时的中国社会来说，保险营销员体制的萌生，改变了过去保险业务员"守株待兔"等客上门的被动状态，业内人士认为友邦"牵动了一场寿险营销的革命"。

执掌上海友邦保险公司的总经理徐正广来自中国台湾，在大学里读的是工程专业，踏上社会后却当了保险代理人，每天登门招揽客户，推销保险产品，辛苦而充实，他对保险代理人制度很熟悉。所谓保险代理人，即是根据保险人的委托授权，代理其经营保险业务，并收取代理费用的人或机构，史带早在1919年于黄浦滩头率先创办的正是保险代理公司。徐正广"领衔"上海友邦保险之后，不遗余力地推行保险代理人制度，批量性培训代理人，名声鹊起，业绩骄人。

囿于"守株待兔"传统营销模式的国内保险业人士却不以为然，觉得代理人走街串巷，叩门推销，搞乱了市场，影响了治安，此等乱象非整治不可。其时，有位初出茅庐的保险代理人闯进中国人民银行保险科来推销业务，他误以为保险科是为职工办保险的部门，着实闹了笑话。市人行收到不少来信和来电，也是毁誉不一，闹得沸沸扬扬。外资处处长徐风向龚浩成反映了这一矛盾，问他如何处理。龚浩成镇定自若地说："关注后果，先不要慌，不要以为反映多就不好，在我们缺乏足够的事实进行判断的情况下，应该先观察一段时间再说嘛。"

经过两年的辛勤培植，友邦保险业务获得长足进步，至1994年底，上海友邦共招收保险代理人近5000人，保费收入超过了一亿元人民币。到1995年，平均每月已可售出三万份保单。难怪有人惊呼："狼来了！""抢蛋糕来了！"事实上，随着中资保险公司从观望学习到奋起直追、迎头赶上，中外公司把"保险蛋糕"共同做大，促使申城保险市场日长夜大，赢得了令人瞩目的业绩。

回首过往，龚浩成不无感慨地表示，保险代理人制度的出现对保险界乃至金融界都是十分重大的事件，可以说在全国范围内开了一个好头。因为过去都是等客户上门，而现在是保险公司主动登门为群众服务，尽管推销时难免有些代理人会夸大其词，营销话术有欠规范，但这需要在发展中加以纠偏，而非一概否定。保险代理人制度一经推出，国内的平安保险率先学习效仿，人寿保险也紧随其后，久而久之，这项制度在全国保险界得到了推广。与此同时，保险精算师这个特殊的角色也伴随着外资进入国内保险行业，从1999年中国保监会认证的43人到目前的数千人规模，保险精算师已经成为一支强化国内保险业风险管理和资产管理的特殊"金领人才"。

华丽蜕变，笑傲江湖。从友邦这所中国保险业的"黄埔军校"，走出了新中国第一批专业保险营销员、第一批职业精算师和获得国际认证的寿险管理师，这些岗位设置被众多金融保险机构争相模仿，其全新的国际化理念和经营模式，先进的公司治理和风险管控经验以及产品迭代与技术更新等创新实践，成为中国改革开放进程中保险业江湖阔步40余年的里程碑事件。

"大众旋风"缘何越刮越迅猛

外资带动内资，外资保险业进入中国推动了国内保险业的改革与创新，在上海注册的全国第一批股份制保险公司之一"大众保险"，正是在如是背景的激励之下应运而生。

古人云："凡益之道，与时偕行。"1994年，正值中国人民银行及有关部门就《保险法》的出台征求各方意见，征求意见稿里出现了"鼓励社会资本参与保险行业"的条款。彼时，保监会还没有开始组建，保险业务由中国人民银行非银行金融机构管理司管理。在业界名声赫赫的大众交通董事长杨国平抢抓机遇，有意发起组建股份制的保险公司。大众交通（原"大众出租"）自1992年上市后，坚持交通实业和金融产业协调发展"两条腿走路"的公司战略。杨国平在筹建过程中，多次赴北京听取中国人民银行非银司保险处的指导意见，而在上海，担任人行上海市分行行长的龚浩成也经常与筹建组人员深入恳谈，从公司股权结构、公司治理、风险控制、队伍建设等方面给予了全方位指导。

筹建股份制的保险公司，可谓非同凡响的创新之举，在龚浩成及有关各方的全力支持下，"大众保险股份有限公司"于1995年1月在上海正式注册成立，成为中国第六家股份制商业保险公司，时任上海市副市长孟建柱代表市政府到会表示祝贺，并对公司的未来发展提出了希望和要求。

"破圈"成为国内保险行业第一批股份制保险公司，大众保险由大众交通、大众公用、上汽集团、上海煤气公司、上海自来水公司等信誉良好、实力雄厚的大中型企业作为股东共同发起创建。公司首位董事长由原上海公用事业局局长蔡君时担任，常务副董事长为杨国平，龚浩成担任监事长，总经理王建平曾在工商银行基层领导岗位上摸爬滚打，经验丰富，资历深厚。对于这个创建班底，龚浩成信心满满。

身为监事长，龚浩成时时关心着大众保险的每一个进步，每一次飞跃。"大鹏一日乘风起，扶摇直上九万里。"初创阶段，大众保险在保险行业探索了诸多体制、机制、管理、服务等方面的革故鼎新，在成立当年就推出了商品住宅综合保险、企事业用户管道煤气保险、自购公有住房保险、信用卡持卡人意外损失保险、移动电话及保险等新险种，创新步伐"根本停不下来"。这一年，大众保险的业务收入达1.53亿元，实现利润4000多万元。诚如金字招牌里的"大众"两字，这家公司致力于服务大众、造福社会，开业之日，将省下的庆典费用20万元捐赠予上海慈善基金会，并为50名上海市政建设功臣免费提供了人身意外伤害保险。创立次年，大众保险的业务昂首挺胸跨出上海，获批设立南京分公司，并立足内部进一步完善机构，设立机构管理部、核保核赔部，以应对日趋激烈的同业竞争，初步构建起电脑操作及管理系统，在业内刮起一股"大众旋风"。

五、领异标新二月花：助力外汇市场异军突起

1993年的最后一天，寒风凛冽，龚浩成心里却是热乎乎的。由京抵沪的中国人民银行副行长陈元行装甫卸，便从虹桥机场直驶外滩中山东一路15号，会同迎候在此的上海市副市长徐匡迪等人，视察了正在紧锣密鼓装修之中的中国外汇交易中心。这座属于外滩17幢近代优秀建筑之一的原华俄道胜银行大楼，曾是国民党政权统治时期中央银行所在地，新中国成立后变身为上海市航天局机关大楼。伴随着浦东开发开放风起潮涌，中外金融机构纷纷抢滩申城，外滩"万国建筑博览群"应恢复其原有金融功能的呼声日高，航天局审时度势，另辟地盘建造大楼，让出这块黄金宝地，回归金融界所用。

之前，龚浩成打探到消息，人民银行正在考虑建立全国统一的

银行间外汇市场。彼时，北京、上海、广州、深圳都具有建立市场的基础，传出"谁先找好场所，先考虑在哪个地方建立外汇市场"的说法，虽然这句原话已无从考证，但外汇市场确实需要具备像样的场所，上海有一定的基础和条件，当然要积极争取。

上海外汇市场的建立较证券市场更早，从20世纪80年代末至90年代初，上海外汇调剂交易中心的交易量占全国交易量的比重一直在11%至23%之间，除1991年之外，其他年份的交易量比重均排名全国第一。1994年4月4日，中国外汇交易中心于黄浦江畔"横空出世"，标志着全国统一、规范的银行间外汇市场正式建立。

斗转星移，从外汇调剂中心到中国外汇交易中心，我国的汇率价格从原来各省市的"割据委营"演进到在上海"步调一致"。这个统一的人民币市场汇价，眼下已成为国际国内资本市场、企业界每日必看的指标之一，乃至国家制定经济政策的重要参数"风向标"。外汇市场的发展，见证了沪上着力推进市场经济的过程，也见证了中国经济对外开放的不凡历程。

"外汇有哦"催生交易平台调剂余缺

与现今我国拥有3万多亿美元外汇储备所不同的是，在改革开放之前很长一段时期，我国外汇非常紧缺。到了改革开放初期，百废待兴，为了促进经济发展，需要引进国外资本和先进技术和设备，更是产生了巨大的外汇需求。1978年，我国外汇储备仅为1.7亿美元，国家为了筹集外汇，运用了各种手段，比如号召华侨积极寄外汇回国，出口石油、煤炭、黑色金属、有色金属等资源型初级产品，可谓不惜血本换汇。

龚浩成回忆，他于20世纪80年代初远渡重洋，到美国华盛顿参加世界银行经济发展学院的一个项目管理培训，世界银行给每人每天100美元的生活补贴，当年在他们看来是相当高的补贴。事实上，龚浩成每天只花费几美元，剩下的全部上交，也算是为国家的外汇储备奉献蝉翼之功。

"外汇有哦？外汇有哦？"三四十年前，游弋在外滩数家银行、南京东路华侨商店门口的外币贩子比比皆是，沪语俗称"打桩模子"。有需求就有商机，他们买进卖出外汇或有价票券，从中赚取差价，其汇率一度达到银行的两倍以上，这种怪象也在一定程度上反映了昔时外汇紧缺的状况。

纵观全国范围，自1979年国家实行外汇留成制度以后，企业有了一定的外汇支配权，为满足企业间调剂余缺的需要，从1980年10月起，中国银行开始办理外汇调剂业务，允许持有留成外汇的单位把多余的外汇额度转让给缺汇的单位。1985年贸易结算价的取消，为建立规范的外汇调剂市场创造了条件，同年，深圳经济特区建立了外汇调剂中心。

安营上海建立外汇市场的想法，在龚浩成的心头盘亘已久。1986年的一天，他翻开了深圳的报纸，读到了一条深圳推行外汇调剂业务的新闻。外汇调剂指的是在官方市场外，企事业单位相互间进行外汇额度买卖和借贷。由于私自买卖外汇属于违法行为，为此国家通过开放余缺调剂渠道的方式，以满足外汇市场的实际需求，极大促进了国民经济的发展。

看到这条消息后，龚浩成当即与国家外汇管理局上海市分局商量，在沪外资企业之间是否也能进行外汇调剂？比如德国的一家公司外汇比较宽裕，美国的一家公司外汇不足而需要买进，能否搭建平台让两家之间进行买卖，这就不必看外汇市场的"脸色"了。基于这样的设想，在龚浩成的组织谋划下，先从北京东路的一所中学借用了房屋，开设了外资企业外汇调剂中心。事实上，在外汇调剂中心开业之前，企业之间也经常会通过协商到外汇管理部门办理外汇交易。但是由于缺乏一个公开的市场，企业之间交易时"透明度"较低，偶尔会虚报价格，事后再补差价。这就造成汇价不能反映真实的市场供求，也就不能给宏观决策提供有效的依据。龚浩成琢磨，要解锁这一难题，建立公开的外汇交易市场势在必行。

转眼到了1986年11月，伴随着外贸体制改革和沿海地区外向型经济发展的加速，上海外商投资企业外汇调剂中心成立，允许三资企业在调剂中心相互调剂外汇，并向全国各地开放。同后来的证券交易所相似，外汇调剂采用了电脑撮合配对交易，其规模虽小，但设施较为先进。在上海还没有形成股票或期货市场的时候，位于北京东路270号的外汇调剂中心已经门庭若市，人声鼎沸，揭开了对资本市场最初

上海外汇调剂中心交易内部的交易场景

探索的序幕。后来证券交易所采用电脑配对交易，也是向外汇调剂中心取的经。光阴荏苒，政策逐步放宽，从刚开始的外资企业到后来的合资企业，都被允许参与外汇调剂。龚浩成率领一班得力干将，披星戴月，进而有为，默默推动外汇调剂中心的培育和发展。

"不入园林，怎知春色如许。" 1988年9月，各省、自治区、直辖市以及部分计划单列市普遍成立了外汇调剂中心。上海外汇调剂中心价格上完全放开，实行竞价买卖，并允许国营企业外汇与三资企业外汇互通，从而完善了外汇调剂市场，有效地调节了外汇供求关系和外汇结构，一举缓解上海工业生产因国内原材料紧缺所面临的窘境，一时间外汇资金横向融通，出口生产"应付裕如"，同时也极大改善了外商投资环境，支持了三资企业的崛起。

加盟金融"多声部" 外汇市场"一鸣惊人"

历史铭记1988年9月27日，北京东路270号，上海外汇调剂中心正式开业。时任上海市副市长庄晓天、交通银行董事长李祥瑞以及国家外汇管理局代表等来宾出席了开业仪式，庄晓天副市长揭开了6.86元的开盘价，这也就是9月28日首场交易的开盘价。

何以为创？何以为新？龚浩成忆及，上海的外汇调剂市场随同全国其他开放城市的调剂市场一起应时而生，到1993年，全国共有18个城市开办了外汇调剂公开市场，这些市场的交易方式都是协议制。不过他分析，这种交易方式在一定程度上淡化了市场的力量，带来了一些弊病。为了顺应改革开放的发展思路，适应经济体制改革的深化和外向型经济的发展，外汇调剂市场势必追求更高的目标层次。龚浩成积极探索外汇调剂市场发展和完善的途径，提出要按照国际化、标准化、规范化与法制化的理念来建设外汇市场，这就必须改革外汇调剂市场的组织形式、交易方式和管理方法，进一步强化其市场功能。

沿循龚浩成的这个思路，上海外汇调剂市场积极使出改革"组合拳"，即组织形式上的会员制、交易方式上的单一竞价买卖和资金上的统一结算。这三项改革的中心点是最大程度地引进市场机制，具体来说，就是维护市场的相对稳定性以及遵循利益分享和风险共担原则。

半年后，国际货币基金组织总裁米歇尔·康德苏来华访问时特地来上海，在龚浩成的陪同下现场观摩了交易的实况。他离开时在留言簿上写道："我很高兴参观了上海外汇调剂中心，它是中国改革开放政策的必然产物。我衷心希望中心得到顺利的发展，并对中国未来经济成功做出贡献。"短短数年间，中央及省市有关领导、中外金融机构及新闻媒体单位纷至沓来，莅临外汇调剂中心考察访问。有意思的是，俄罗斯中央银行也派了一批金融业内人士前来观摩学习，对市场的组织架构、交易方式、资金清算等方面都做了详细了解，回国后"依葫芦画瓢"，在莫斯科也设立了俄罗斯全国唯一的外汇交易所。

说起来，上海外汇调剂市场采用会员制度，市场的会员分为经纪商会员和自营商会员两大类，只有会员才有资格派代表入场交易。上海外汇调剂中心有15家经纪商会员和44家自营商会员，前者包括外汇指定银行和非银行金融机构，只允许代客交易，接受非会员委托的外汇买卖，后者包括外贸公司和其他经济组织，只能进行自需交易。外汇交易的对象仍是外汇留成额度，其交易的方式是单一成交价格竞价买卖，即当外汇买卖的数量出现差额时，通过向上或者向下叫价，最终形成一个均衡价格。中国人民银行也设立了外汇调剂平准基金，一般情况下"按兵不动"，主要让市场的力量来决定价格。这一时期，国家调控外汇及外汇调剂市场的机制日臻完善。1989年，上海外汇调剂市场按照用汇序列严格控制外汇投向，以保证重点用汇需要。经市场调剂的外汇用于购买原材料、辅料和零配件的占76%，其余大多数为引进先进的技术设备和重点项目筹集外汇。

"春柳万千条，神州尽舜尧。"龚浩成深刻领会党的十四大报告的精神，"经济体制改革的目标是建立社会主义市场经济体制"，这表明了市场机制在经济生活中将发挥越来越大的作用。1993年11月，党的十四届三中全会通过的《中共中央关于建立社会主义市场经济体制若干问题的决定》中明确要求，"改革外汇管理体制，建立以市场为基础的、有管理的浮动汇率制度和统一规范的外汇市场，逐步使人民币成为可兑换货币"。为适应建立社会主义市场经济体制的要求，中央作出了进一步深化经济体制改革的决定，金融、财税、外贸、外汇、物价五大改革相互协调，配套进行。龚浩成设身处地感受到"利好政策"鱼贯而出：自1994年1月1日起，国家对外汇管理体制进行了重大改革，实行以市场供求为基础的、单一的、有管理的浮动汇率制，并轨时的人民币汇率为1美元合8.72元人民币，取消经常项目收支的指令性计划和审批制度，取消各类外汇留成、上缴和额度管理制度，实行银行结售汇制度……

一切都是水到渠成，1994年4月，银行间外汇市场——中国外汇交易中心在外滩金融街撩开面纱。交易大厅现场，经纪商交易员穿的是黄马甲，自营商交易员穿的是绿马甲，缘何"不爱红装爱绿装"？有人感到疑惑不解，原来当时交易大厅的交易柜台皆为咖啡色，如果再穿红色马甲很不"出挑"，而黄色和绿色比较显眼，故而没有采用国际交易市场的"流行色"。

在急管繁弦的金融"多声部"合唱中，外汇市场"迎风引吭"，交易主体不断增加，交易品种日益丰富，业务范围渐次扩展，服务时间逐步延长。外汇交易市场的记事簿上不时留下浓墨重彩的一笔：1994年4月5日增设港币交易，1995年3月1日开办日元交易，2002年4月1日增加欧元交易，2003年10月1日起允许交易主体当日进行买卖双向交易，2005年8月15日推出远期外汇交易，2006年1月4日正式引入做市商制度，2006年4月24日推出人民币与外币掉期业务，2006年8月1日起增设英镑交易……"苟日新，日日新，又日新"。龚浩成坚信，随着外汇交易量突飞猛进，汇率市场化改革持续深化，人民银行已经基本退出常态化外汇干预，企业已经能够比较顺利地采用市场化手段来管理汇率波动风险。

"洋" 肠小道瞬时变为 "洋" 关大道

　　抚今追昔，百感交集，龚浩成列举了一串数字：1989年，外汇市场全年调剂量为12.9亿美元，而到了2011年，我国已有318家金融机构参与银行间外汇市场交易，全年外汇市场交易量达到14.2万亿美元，日均成交581亿美元，折合人民币约为3656.8亿，相比1989年，外汇市场交易量增长超过1.1万倍，且为同期股市交易量的3.7倍，银行间外汇交易量巨大。虽说股票市场因 "群众基础" 较为广泛，影响力比外汇市场更大，但是建立时间更早、交易量巨大的外汇市场为促进我国的经济建设和科技发展，维护国家经济秩序，赢得国际金融话语权，其意义不可估量。

　　当然，看似 "高精尖" 的外汇交易并非没有平头百姓什么事。国家对外开放的门户越开越大，改革春风吹入寻常百姓家，居民手中持有的外汇数量也快速攀升。然而，与居民日积月累不断增多的外汇形成鲜明对照的是，除了银行储蓄 "华山一条道" 之外，并无灵活便捷的理财渠道，外汇买卖不被政策允许，投资B股受到限制 "此路不通"，若兑换成人民币却无法兑回外币，敞口开阔的外汇投资理财的市场需求暗流涌动。

　　政策终于有了松动，1993年6月，中国人民银行准许国有商业银行开办个人外汇买卖业务。龚浩成的记忆十分清晰，仅仅过了5个月，在曾经 "打桩模子" （沪人对私下买卖外汇的 "黄牛" 的称呼）

在上海市中山东一路23号中国银行营业大厅里，境内居民第一次可以开设自己的外币账户

云集的中山东一路23号营业大厅，中国银行上海市分行抢先推出诨名"外汇宝"的个人外汇买卖业务，居民手中500美元以上或等值外汇，均可通过交易兑换成其他外币，有效避免汇率风险，更好实现保值增值。开办当天，受理的首笔业务为一位男士将10万日元兑换成美元，尽管柜台跟前没有想象当中的人头攒动，但是"外汇宝"第一单的落地，使中国外汇业务改革踏实迈出了一大步。

俗话说"好饭不怕晚"，"外汇宝"很快受到"汇民"的热烈追捧，业务推出头一个月，成交笔数就达到1000笔，成交量超过300万美元。当出国留学和出境旅游成为寻常事，人们拥有的外汇品种愈加丰富，"外汇宝"交易货币也从最早的4种发展到后来的40余种。除了中国外汇交易中心距中行大楼几步之遥揭幕亮相，没过几年B股市场也对境内居民投资者开放，普通投资者玩转外汇的途径，由"洋"肠小道变作"洋"关大道，"外汇宝"成为真正的"外汇之宝，投资之宝"。

"九层之台，起于累土。"金融改革进程日暖风恬，外汇市场建设乘风共舞。至2021年，我国外汇市场交易量已高达36.9万亿美元，较2011年增长2倍以上，成为全球第八大外汇交易市场，可交易货币超40种，涵盖国际主流外汇交易产品。"前人修路后人行，乘凉不忘栽树人。"龚浩成四十年前孜孜不倦、辛勤耕作，从小步前行累积到大步跨越，促使中国外汇交易中心落户申江，在上海金融业对外开放的蓝图里挥洒下绚丽多彩的一笔。

[龚浩成金融断想录]

上海金融业的对外开放是上海建设国际金融中心的基础。以各种方式引进外资，建设与完善外汇市场，与国际上的资金、企业、规则接轨，是上海金融业走向新时代的重要一步。龚浩成致力于筹建上海外汇市场，为上海银行业、证券业、保险业的对外开放出谋划策，架起了沟通上海与北京的重要桥梁，为上海的对外开放历程贡献了智慧和力量。回顾过往，他深刻剖析上海作为远东金融中心的历史渊源，以古鉴今，一语道破上海建设国际金融中心的优势所在，并立足国内，放眼世界，提出了诸多真知灼见。

沿流溯源，龚浩成善于从金融历史中寻找发展规律，他指出，早在20世纪20年代末30年代初，上海已经成为旧中国最大的金融中心，当时的上海金融机构云集，国际贸易剧增，大量的社会资本向上海集中，上海名副其实是旧中国经济、金融的心脏，而其作为国际金融中心则是国内金融中心的延伸。当时的上海外商银行集中，具有发达的金融市场体系，且由于汇丰等银行的巨大资金吞吐量，外汇市场成交量惊人，超过中国香港和印度孟买。

　　龚浩成具体对比了新中国成立前与20世纪80年代上海的经济状况：新中国成立前，全国资金流动的每100元中，从供需两方面都包括在内来计算，有43元是由上海来提供或者由上海来消耗的。全国这么大的面积，小小的上海资金流动量占全国的43%，这是一个非常惊人的数字。而在20世纪80年代，这个数据要少得多，整个资金体系实行切块管理，例如江苏的资金不准许流入到上海，上海的钱也不能流入浙江。因此，即便上海的资金流动量仍然较大，也不可能超过10%，大约只占全国的7%至8%，以此想要成为全国金融中心几乎是不可能的。20世纪90年代初，龚浩成着手推进了切块管理体制的改革，此后，上海逐渐形成高度开放的市场经济，资金流动"川流不息"，每日资金量"恒河沙数"，为上海建设国际金融中心奠定了扎实基础。

　　龚浩成深入分析了上海建设国际金融中心的两个显著的独特优势。第一个优势，上海的经济基础比较雄厚。任何情况下，金融之于经济而言，经济始终是第一位的。金融业的发展，对国计民生起到了重大作用，但金融业必须支持实体经济的发展，而不能独立于实体经济，金融衍生品大发展的时代更是如此。从1997年的亚洲金融危机到2008年的国际金融危机，都充分说明了这一点。因此，龚浩成曾向中国人民银行提出建议，央行应当关注制造业的发展情况，因为金融中心、信用中心等的建设与发展都应当密切联系制造业的发展情况。他指出，要真正、彻底地调整上海的经济结构，而不是单独依靠现代金融业，关键是要发展现代制造业，要将金融业和现代制造业紧密联系起来，就此而言，上海具有显著优势，因为中国民族工业的根脉就在上海。以著名的江南造船厂为例，江南机器制造总局1865年开设于上海，揭开了中国近代民族工业的发展序幕，1953年更名为江南造船厂，其生产发展绵延至今，枝繁叶茂，欣欣向荣。至1927年，上海工业已经拥有了以纺织、食品为主的8大类54个行业较为齐全的工业门类，上海民族工业在此后的黄金十年期间取得了瞩目的成绩，生产规模几乎占全国之半。1933年上海资本额占全国12个大城市的60%，工业资产总额约占全国40%，产业工人约占全国43%，工业产值约占全国50%，还对苏锡等长三角核心腹地形成了经济辐射。今天的上海仍有百年老厂江南造船厂，振华重工，大飞机航空产业园区，等等，雄厚的制造业底蕴是中国其他一些大城市所不具备的。

上海所具备的第二个优势在于地理条件。我国东部的海岸线从大连湾顺势而下，一直到海南北部湾，其形状犹如弓背，龚浩成形象地将东南沿海的地形比喻为"射箭图",长江就像是一支箭,而上海就处在待发之箭与弓背相交的那一支点上。因而,上海处于相当有利的地理位置:位于我国海岸线的中间,通过海洋可以北上、南下、东行,具有运输距离的优势;扼守长江口,长江是著名的黄金水道,是世界上航运量最大的河流,流域人口众多,工农商业发达,对于我国社会经济发展的重要性不言而喻,上海由长江可深入内陆,通达江海,相当便捷。此外,上海辖内还拥有可以航行万吨巨轮的黄浦江,在洋山港建成之前,浦江沿岸是上海的主要港口区,为上海的对外贸易发挥着重要作用。在充分利用四通八达的水路系统这一有利条件的基础上,上海还坐拥长江中下游平原的腹地,这里是我国人口最为稠密的地区,上海航运、贸易等行业的发展可以有效辐射更大的区域面积、更多的人口数量,带动区域性的经济发展。

"敢教日月换新天。"改革开放以来,上海作为国内的经济、金融、航运和贸易中心,立足改革先行者和排头兵的角色定位,率先在经济金融领域开展一系列创新变革。上海要建立国际金融中心,在竞争中拔得头筹,龚浩成明确指出了几个关键点:

其一,上海的发展建设不能脱离长三角。上海决不能仅仅局限于内部,而是应当把长三角地区包括江苏、浙江甚至安徽都作为发展的后盾,这样整体的经济实力就比京津和深港都强得多。因此,上海建立国际金融中心一定要以长三角为起点,不必过于突出上海。金融中心只是一个虚化的概念,需要有一个载体,从全国视野来看,上海是一个较为合适的载体，但始终应当注意的是，上海的发展需要依托于整个长三角地区。

其次，上海金融中心的选址要突破传统窠臼。上海的金融中心应当选址何处始终是媒体热烈讨论的焦点，"外滩金融中心"的概念被重新提起。而龚浩成直言，不应当是"外滩金融中心"，而应当是"浦江两岸金融中心"。外滩的改造带来了一些优势，观景平台更为开阔，增加了休闲之处以供休息，但是外滩的道路交通缩减为四车道，这在一定程度上阻碍了外滩进行频繁的金融活动，龚浩成认为这是外滩金融中心的致命缺点。对于上海来说，突破外滩，在浦江两岸建立金融中心是极具可行性的。如今，从外滩到陆家嘴，浦江两岸"并驾齐驱"的功能定位也印证了龚浩成的观点。

其三，上海建设金融中心必须抓住市场"牛鼻子"。中国的体制决定了不可能将大多数的金融机构总部都设在上海地区，因此上海建立国际金融中心的关键问题是要抓住市场，特别是金融市场，许多要素市场先后在上海建立起来，包括证券市场、期货市场、金融衍生品市场、黄金市场、外汇市场等，上海应当进一步把这些市场再扩展起来。除了发展稍显迟滞的保险市场以外，龚浩成尤其关注上海的离岸市场，中国的离岸市场的发展比较晚，最初只有招商银行深圳总行下设有一个部门专门负责离岸市场业务。上海也有条件建立离岸市场，但这一建设需要规划与研究，因为上海要建立的不是像巴哈马、加勒比海地区那样没有什么实际内容、仅通过注册登记从资金往来中获取收益的离岸市场，这对当地金融市场的推进作用微乎其微，而是要建设真正有利于推进金融市场、带来联动效应、促进经济发展的离岸市场。

最后，要为建立国际金融中心提供一个良好的金融生态环境。龚浩成认为，在全国范围内，上海已经建设了相对较好的金融环境，这很大程度上是因为上海金融在改革开放的路途中基本没有走弯路。上海没有实行那些明显与市场经济相违背的做法，这就是上海按照市场经济规律办事所形成的有利条件。然而，良好的金融环境具体而言还包含有很多内容，除了金融市场的建设还有法律法规的配套发展。

颇具远见卓识的龚浩成曾经提出，上海要在2020年建成国际金融中心，需要分时间段设立目标，具体规划，逐步地解决发展中存在的问题，阶段性地实施推进。让人倍感欣喜的是，在龚浩成为代表的金融改革先行者的思想引领和奋力助推之下，至2020年，上海国际金融中心建设目标已基本完成。

第四篇章

为者常成，行者常至

金融创新与环境养成的规划者

　　细细盘点，基础设施、金融市场、金融机构和金融人才以及金融制度和法律构建，可谓上海金融中心建设必不可少的因素。龚浩成分析，金融中心建设的初期阶段，存在四个方面的特性：主体的多样性，市场规则的健全性，金融调控的有效性和中介体系的完备性。经过二三十年的快速发展，上海国际金融中心的建设已经取得了初步成效，"风景这边独好"：上海拥有多种所有制形式的商业银行和非银行金融机构；金融市场的先进性、透明性、信用性均首屈一指；作为中央银行公开市场操作的所在地，监管当局严格秉持"三公"原则，积累了监管各类风险的良好经验；已经具备比较完善的包括会计审计、法律、经济咨询、信用评估、抵押担保等在内的金融体系。

"上海要建设成为国际金融中心，归根结底是要提供一个良好的金融环境。" 龚浩成心之切切，言之凿凿。1992年10月，党的十四大确定了上海"一个龙头，三个中心"的战略目标，中央政府做出浦东开发开放的战略决策后，上海明确今后的城市发展战略将必须首先服从国家发展战略。这一时期，上海致力于国际金融中心目标的实现，钩深致远，上下求索，出台了许多促进金融业发展的政策。申城金融业自20世纪90年代起奋起直追，力争上游，证券交易所、外汇交易所、黄金交易所、商品交易所、产权交易所等要素市场雨后春笋般涌现，为日后上海金融业风兴云蒸、全面崛起吹响了进军号角。

细细盘点，基础设施、金融市场、金融机构和金融人才以及金融制度和法律构建，可谓上海金融中心建设必不可少的因素。龚浩成分析，金融中心建设的初期阶段存在四个方面的特性：主体的多样性、市场规则的健全性、金融调控的有效性和中介体系的完备性。经过二三十年的快速发展，上海国际金融中心的建设已经取得了初步成效，"风景这边独好"：上海拥有多种所有制形式的商业银行和非银行金融机构；金融市场的先进性、透明性、信用性均首屈一指；作为中央银行公开市场操作的所在地，监管当局严格秉持"三公"原则，积累了监管各类风险的良好经验；已经具备比较完善的包括会计审计、法律、经济咨询、信用评估、抵押担保等在内的金融体系。

"时有落花至，远随流水香。"2020年，上海基本建成与我国经济实力以及人民币国际地位相适应的国际金融中心。经过多年不懈努力和持续发展，上海已经形成了较为完备的金融中心框架体系，金融中心核心功能日益增强，金融开放程度明显提升，金融发展环境不断优化。同年9月，上海在全球金融中心指数（GFCI）中首次进入全球前三。国际金融中心三强鼎立的新格局，印证了境内外投资者对中国和上海的坚定看好。

无疑，上海建设国际金融中心是一盘大棋，龚浩成放眼全局，把握大势，从容推进申城金融业的机构创新与环境建设，有力支持非银行金融机构的创建，规划了中介机构与银行间同业拆借市场的发展，并持续关注法制环境的建设，为沪上金融业东山再起运筹帷幄，锲而不舍。

一、满眼生机转化钧：创建首家民营非银行金融机构

尽管市场不是万能的，可能存在一些缺陷和弊端，但在全面的政治领导力量和先进的生产方式引导下，社会主义市场经济能够在共同富裕的愿景下有效运行，达成目标。邓小平曾经语重心长地指出，改革开放后，民族工商业者要投身兴国，主要依靠用两种力量：一是民族工商业者有丰富的经商办实业的经验；二是他们自有的资金可以推

动发展。

邓小平同志对原工商业者"钱要用起来，人要用起来"的指示精神，得到了各阶层积极响应。1979年9月22日，工商界人士在上海集资创办上海市工商界爱国建设公司，由刘靖基领衔；同年10月4日，在北京成立了中国国际信托投资公司，由荣毅仁领衔；1983年5月，在香港成立了中国光大集团有限公司（注册时为紫光实业有限公司），由王光英领衔。其中，爱建公司成立最早，称得上是改革开放后创办的内地首家民营企业，后来更名为上海爱建集团股份有限公司。爱建公司从创建到发展，始终得到了党和政府的关怀与支持。邓小平、江泽民、朱镕基、吴邦国、黄菊等领导先后接见公司主要创办人刘靖基，老一辈领导人还分别给公司题词、致信，鼓励爱建公司矢志不渝、急流勇进。

龚浩成意气风发走上中国人民银行上海市分行领导岗位后，接到中国人民银行总行领导交办的一项重要任务，即为关注与支持上海爱建公司的发展，扎实推动爱建公司的各项工作。

"胆子要大"，始终不忘"步子要稳"

花红柳绿，春和景明，在党的十一届三中全会确定的改革开放政策的指引下，1979年6月全国政协五届二次会议期间，以刘靖基为代表的9名全国政协委员联名向大会提交了"筹建上海市工商界爱国建设公司的建议"，得到中共中央、全国政协和有关部门的高度重视。

爱建公司几乎是以"搭乘火箭"的速度，在筹备时间只有短短4个月的情况下，按照预定计划集资目标为人民币5000万元，而实际认款额为5300万元，后又增加到5720万元，参与集资的海内外原工商业者达到1000多人。同年9月22日，上海市工商界爱国建设公司敲锣打鼓宣告成立，刘靖基出任董事长和总经理。甚有意思的是，公司注册地址选择在上海银行公会"梦开始的地方"——香港路59号，建于20世纪20年代的银行公会大楼。

爱建公司成立两周年时，汪道涵在纪念会上动情地说道："爱建公司的成立，不是一个小事情。如果没有中共十一届三中全会，就不会有爱建公司。从经济意义上看，爱建的设立用好了原工商业者的人力与财力；又具有标杆示范意义，爱建的设立打开了改革开放的局面；同时还具有统战意义，团结老一辈的工商业者，为改革局面的拓展奠定基础。"

在龚浩成看来，刘靖基秉承"爱国建设"的理念，为改革开放初期的上海经济发展起到了举足轻重的作用。创建初期，爱建公司的业务范围堪称"四大金刚"：金融信托、房地产、实业投资和对外经贸，依托申城经济底蕴和地域优势做了很多开创性的工作。1981年5月，在汪道涵的关心下，爱建公司与香港著名工商界人士唐翔千等投资的上海第一家中外合资企业——上海联合毛纺织有限公司——应运而生，这家企业后来被评为全国"十佳"企业。好消息接踵而来，1984年8月31日，上海市政府批准爱建公司在香港设立办事处，同年，爱建香港办事处又获对外经济贸易部批复同意，成为外经贸部的特殊窗口。

主打"金融牌"，是爱建公司确立的主营业务，也是由汪道涵和爱建公司"开山元老"们共同商研拍板的战略定位。1985年5月，国务院批转了汪道涵主持制定的《关于上海经济发展战略汇报提纲》，文件明确"允许上海爱建公司在国际金融市场上筹款"。1987年，中国人民银行总行行长陈慕华来到上海，除了调研上海金融市场以外，专程来到爱建公司考察，还至刘靖基家中拜访。没过多久，爱建公司又喜获新任中国人民银行总行行长李贵鲜的题词："稳中求进，进中求稳，信誉第一。"

龚浩成先后陪同陈慕华、李贵鲜两任总行行长考察爱建公司并拜访刘靖基。作为金融主管部门的一员，龚浩成对爱建公司金融业务的发展关注有加，与刘靖基也有很多交流，巧合的是，龚浩成与刘靖基是常州老乡，两人见面时常常用常州话交流，浓重的常州口音勾起了同乡情谊，许多工作构想便在随和融洽的氛围中达成。

置身金融改革实践，充满着许多未知的风险挑战。龚浩成非常赞同爱建公司业务经营所强调的"稳健"二字，"谨慎能捕千秋蝉，小心驶得万年船"，他指出金融工作具有较高的风险，如果缺少稳健的经营态度，风险程度也就随之递增，不能为了扩大规模而忽视风险。倘若片面追求利润而淡化风险意识，往往会导致决策短视，一叶障目，后患无穷。爱建公司"稳中求进，进中求稳"的经营思路与央行的工作要求不谋而合。

爱建金融信托投资公司"异军突起"

龚浩成在大学授课时就琢磨过信托业务。信托业务，顾名思义，实际上是一种以资财为核心，以信任为基础，以委托为方式的财产管理制度。通俗点说，就是"受人之托，代人理财"。信托这种金融工具实际上是一种舶来品。最原始的信托行为起源于古埃及的"遗嘱托孤"，古埃及人为确保自己的财产不流失到外人手上，常常以遗嘱的方式委托可靠之人处理自己的财产，并规定自己的子女可以享受由此带来的各种利益。但这种信托是完全不带任何商业色彩的。而现代经济制度下的商事信托则来自于美国。19世纪后半叶，随着美国的南北战争结束，铁路建设、矿产资源开发急需大量资金。于是，许多有眼光的商人开始成立信托公司，积极参与资金筹集，承购铁路、矿山公司发行的债券，之后出售后给民众。因为这些信托公司主要从事有价证券的发行、管理、买卖等金融业务，逐渐形成了最初的金融信托业。

环视改革开放之后，相较于国内金融业的其他领域，信托业的发展显得困难而滞后。信托不仅仅是一种理财方式，也是一种特殊的财产管理制度和法律行为，更是一种金融制度，它与银行、保险、证券一起构成了我国的现代金融体系。具有国际金融视野的龚浩成了解到国外的信托业务比较发达，尤其是家族信托，老一辈的财富日积月

　　1986年8月，爱建金融信托投资公司在上海香港路59号诞生

累，聚沙成塔，如果子孙不善于经营，老一辈担心坐吃山空，于是交给信托投资公司代为经营。而国内并无这样的观念，因此要建立信托投资公司并无把握。从利润方面考量，银行业有利差作为利润的基础，"开源节流"渠道多样，总体上较为稳定，而信托公司、保险公司在盈利上步履维艰，需要更多创新之举。

20世纪80年代，中央要求同时打开南北两边的金融局面，同时从国外学习信托投资公司经验，意图将信托引入中国市场，爱建信托的设立正是顺应了改革开放的大势。为适应沿海14个城市的对外开放和金融体制改革要求，更好地为振兴上海经济建设服务，爱建公司董事长刘靖基向人行上海市分行打了申请报告，提出将中国境内的信托投资业务纳入经营范围。这一提议受到上海市有关部门领导的重视，龚浩成也及时向总行汇报，力陈己见。

铁要趁烧红的时候打，爱建公司随后向中国人民银行提交了创办上海爱建金融信托投资公司的申请，很快得到了央行的支持。1986年7月，作为新中国第一家民营非银行金融机构获批，经过龚浩成签批，发出了一张特殊的经营金融业务的许可证——银证字第0408号，上海爱建金融信托投资公司正式面世，老当益壮的刘靖基兼任金融信托投资公司董事长。1986年8月26日，爱建信托假座上海展览中心举行了隆重的开业仪式，张灯结彩，鼓乐齐鸣，各界人士500余人济济一堂，见证喜庆时刻。

想当初，刘靖基董事长为筹备爱建金融的领导班子，特地向中

1986年8月26日 上海爱建金融信托投资公司在上海展览中心展览厅举行开业典礼。右二为上海爱建金融信托投资公司董事长刘靖基

国银行"挖人"，商调时任中国银行上海市分行副行长的周梦熊出任爱建金融总经理。周梦熊回忆，尽管爱建金融成立伊始的注册资金仅有人民币3000万元及外币现汇600万美元，但经营范围比较齐全，包括人民币及外汇信托存贷款、投资、担保、租赁、国际结算、证券，以及咨询等业务。周梦熊走马上任后，框架完全是按照银行的格局搭建的，设有信贷部、国际业务部、信托部、会计部等。然而"白手起家"各个岗位需要人，最缺的是金融熟手，于是他通过有关方面去银行商调人员，但是处处碰了"软钉子"，未能如愿。没辙，周梦熊最后只好聘用银行的退休员工，业务立马红红火火地开展了起来。

爱建金融第一单业务"花落谁家"？居然与电影表演艺术家秦怡有缘。那时秦怡创办上海影视公司，出任董事长，注册资金需要5万元，可是上级单位没有拨款，要她自己筹集。"一分钱难倒英雄汉"，为解决"头寸"问题，秦怡急得头头转，在一次政协会议上，她提到了办公司筹钱难的烦恼，说者无意，听者有心，正好时任全国政协副主席的刘靖基也在座，他听后对秦怡说，行将诞生的爱建金融可以贷款给她。爱建金融一揭幕，即给老艺术家送出"第一桶金"，公司也运用"名人效应"做足了开业文章。

上海爱建金融信托投资公司于1991年改名为上海爱建信托投资公司，经营的业务范围主要包括人民币及外汇信托委托存贷款、投资、担保、租赁、鉴证、国际进出口贸易结算、证券以及咨询等。爱建信托公司与境外银行洽谈融资项目，引进中长期短期外汇资金，为上海企业设备更新、技术改造、出口创汇筹款融资，有力地助推了申城经济蒸蒸日上。

"稳"字当头，稳扎稳打，爱建信托同样以坚持稳健经营为原则，遵照央行领导"稳中求进，进中求稳，信誉第一"办好民间金融企业的指示，为民营金融机构树立了良好的榜样，也在关键事项上发挥了无可比拟的作用。话说20世纪80年代，时任上海市政府交通办公室副主任贺彭年厉兵秣马组建上海航空公司，需要引进波音757飞机，然而当时正遇中美贸易摩擦，一时间贷款没有了着落。危急关头，爱建公司"揭竿而起"，牵头组织国际银团为上海航空提供了贷款，融资1700万美元解了上海航空购买波音757飞机的燃眉之急。另一件轰动业界的事情发生在同期成立的上海市锦江航运有限公司（以下简称"锦江航运公司"），这家公司成立之初只有两条勉强能跑沪港航线的轮船，无法开出连续航运的定期航班。嗅觉灵敏的爱建金融得知美国有一条大型豪华邮轮因故退出航运，而且价格适中，便主动向锦江航运公司"牵线搭桥"，提议联合投资购买。最终，这艘2万吨豪华邮轮从美国飘洋过海来到上海，稍加装修后命名为"锦江"轮，成为了锦江航运公司的"当家花旦"。

无独有偶，爱建公司参与了市内金融机构组成的银团贷款支持东方明珠电视塔的建设工程，开拓了外汇因私出国贷款，本外币设备租赁和为港、澳、台同胞提供外汇按揭贷款等业务，为上海国民经济发展，加快技术改造和设备更新步伐，发挥了国有银行渠道之外的拾遗补缺的作用，这些业务都取得了良好的社会效益和经济效益。

金融支持实业，既要"锦上添花"，更要"雪中送炭"，龚浩成对爱建信托站高看远洒下资金"及时雨"的举动，竖起了大拇指频频"点赞"。

繁花一路"莫逆于心，遂相与为友"

疾风知劲草，烈火见真金。数十载栉风沐雨，龚浩成与爱建集团一直保持着良好的关系，即使退休赋闲，仍然关心着爱建的发展成就。时光易逝，2016年正值上海爱建信托公司成立30周年，时任上海爱建集团股份有限公司党委书记、副董事长范永进邀请龚浩成参加座谈，回顾爱建公司从初创到兴盛的非凡历程，"以史为镜，可以知兴替"，从中汲取砥砺前行的宝贵精神财富。

龚浩成深情地回忆，"莫逆于心，遂相与为友"，除了他与刘靖基的交情以外，中国人民银行与爱建公司的交流也相当频繁而密切。这其中主要有两个因素：一是当年希望通过爱建公司的"闻鸡起舞"为改革开放打开局面，二是中国人民银行与爱建公司的很多老同志接触较多，志趣相投。爱建公司老一辈决策团队脚踏实地、稳如磐石的经营作风，与龚浩成的行事风格不谋而合。他分析道："金融业的经营工作，稳健是第一位的，不稳健就要出问题，但稳健不等于不搞活，不等于没有创新，两者不可混淆。"

展望未来，多少憧憬，多少豪迈，龚浩成言近旨远，对于爱建公司提出了三点希望。首先，经营一定要稳健。虽然是"老生常谈"，但仍要"木鱼常敲"，不能因为快速扩大规模而置风险于不顾，类似的风险案例层出不穷，屡见不鲜，有的银行扩张规模一路"高歌猛进"，但是不良贷款率也很快提高，使得后任的同志花费3到5年甚至更长时间去消化这些风险，事倍功半，得不偿失。其次，业务一定要创新。他认为创新可以分为两个方面，一方面是发展模式的创新。中国的信托不能照搬照抄西方的模式，正如证券市场不能简单学习西方模式一样。证券市场建立初期出现大起大落的原因，在于尚未探索出如何建设有中国特色的证券市场。要把证券市场建设好，必须走有中国特色的发展道路，走适合自己的道路，信托行业也是如此，要敦本务实做好调查研究，而且不只是埋头"啃"宏观理论，更要研究可行措施。另一方面是经营方式的创新。缺乏创新的源泉，就不会产生强大的生命力。新时代中互联网金融的比重很大，上到货币政策制定层、监管层，下到芸芸众生，都受到了互联网金融的影响，这样的新业态应受到充分重视。结合时代的变迁、潮流的更迭，唯有锐意推陈出新，才能真正发挥金融改革的效应，也才能更好凸现爱建公司的独特地位与作用。最后，机遇一定要抓住。均瑶集团成为爱建的大股东，这对于爱建来说是一个很好的发展机遇，均瑶集团的人才、金融企业及业务，可以成为推动爱建发展的新动力。

常言道："丹心未泯创新愿，白发犹残求是辉。"龚浩成慷慨激昂表达了他对爱建公司的深厚感情，勉励爱建公司的年轻一代继承往昔的优良传统和经营理念，实干笃行，勇往直前。

二、千磨万击还坚劲：保险与证券行业中介机构的兴起

从"搬运工"到"助推器"，再到"创造者"，良好的金融服务环境建设需要有大量的中介机构来提供服务。所谓金融中介机构，可以理解为从资金的盈余单位吸收资金提供给资金赤字单位以及提供各种金融服务的经济体，其功能主要有信用创造、清算支付、资源配置、信息提供和风险管理等几个方面。金融的核心功能是中介服务，而金融中介的职能随着经济发展，呈现出了多元化、专业化和主动化

趋势。

　　金融市场建设不能没有优质的中介机构，不可能任何事情都由金融机构自身全部承担。早在20世纪80年代，龚浩成未雨绸缪，考虑建立一个优质的中介机构来满足市场需求，但这个问题的解决比商业银行的建立还要困难。

呼唤保险公估机构，当好"老娘舅"

　　曾几何时，老百姓的生活过得紧紧巴巴，保险无疑是个奢侈的玩意儿，"独此一家"的中国人民保险公司能够提供的投保产品，恐怕也凤毛麟角。1979年11月，首次全国保险工作会议在北京召开，在我国国内保险业务停办二十多年后，正式宣布恢复保险业务。直至1990年，我国的保险业一直处于由中国人民保险公司独家经营的状态。保险条款主要由保险公司制定，保单由保险公司开出，理赔也由保险公司负责。如果投保人发生意外需要赔偿，也是保险公司根据其自身的判定来理赔，这样容易导致"厚此薄彼"的情形出现。保险公司一方面是经营人，另一方面又决定赔偿数额，既是"裁判员"又是"运动员"，有悖于公开、公正、公平的"三公"原则。因此，龚浩成会同相关人士各抒己见，考虑成立一家理赔中介机构，经营赔款业务事项。

　　龚浩成依稀记得在他读书求学的年代，上海即存在"公估行"作为中介机构来评估保险理赔额，而不是由保险公司自行评估理赔。黄浦滩头，保险公估业历史悠久，最初随着外商保险业的崛起而伴生发展。1927年，潘序伦创立益中公证拍卖公估行，开民族保险公估业之先河。1935年，他又合作创办了专业保险公估机构——上海联合保险公证事务所，打破了洋商公证行垄断市场的局面，民族保险公估机构随之逐渐兴起。到1946年，国内登记注册的保险公证机构达到22家。

主意既定，龚浩成登门造访上海进出口商品检验局局长赵国君，询问能否试点成立一家保险理赔机构。赵国君听了龚浩成的建议，表示愿意助一臂之力。由此，在20世纪80年代末90年代初，以上海商检局为基础设立了一家保险公估行，帮助被保险人评估理赔。龚浩成事后了解到，由于政策因素，这家保险公估行一度"闭门谢客"。然而没过半年，中国人民银行总行一纸发文"春风吹又生"，全国范围内很快建立了一批保险公估机构。1993年，经国家进出口商品检验总局和中国人民银行上海市分行批准，抽调多方精兵强将，创建了上海东方公估行，它是新中国成立后第一家独立的保险公估行，为保险合同双方当事人及其他委托人提供对标的物进行检验、鉴定、估损、索赔或理赔等服务，以专业的服务推动了经济、环境和社会的和谐共赢。

苏轼的千古绝句"月有阴晴圆缺"，让人对无法预知的生活风险心生迷惘。百余载磕磕绊绊，中国保险业饱经风霜，否极泰来。龚浩成曾经总结道，金融中介机构有助于维护市场秩序，降低交易成本，实现资金流、信息流、物流的高效整合。随着20世纪80年代一系列的金融改革，金融市场逐渐向专业化分工，形成由拆借市场、贴现市场、证券市场、外汇市场等构成的金融市场。保险业也经历了重大发展，随后平安保险和太平洋保险公司相继成立，从此打破国内保险业由中国人民保险公司独家经营的格局。公估行的破土而出正是同世界保险业的营运规则接轨，从源头上完善了保险理赔制度。

信用评级"一步三摇"中蹒跚成长

资产负债结构、盈利能力、现金流量充足性、资产流动性、行业风险评估、业务风险评估……这些定性定量指标，构成了一家企业"健康状况"好坏的重要参数。谁来为企业明察秋毫做"体检"？作为金融市场上重要的服务性中介机构，信用评级机构为企业、金融机构、社会组织、政府和个人等各类经济主体，以及债券、股票、基金等金融工具的发行主体进行风险综合评估，为其履行相关经济承诺能力和可信程度打分，并以简洁的符号表示其信用等级。设立信用评级机构的初衷是评估银行放贷风险的大小，随着经济的不断发展，我国信用评级行业也有了显著的进步。

堪称"金融大百科"的龚浩成，对于我国资信评估行业的发展历程了然于胸，他认为随着我国"三步走"发展战略的正式提出，企业债券市场开始蓬勃发展。适应债券市场的发展要求，我国信用评级行业也开始萌芽。信用评级行业的发展不仅对债券市场的发展至关重要，更是我国社会信用体系建设的重要内容，信用评级在降低信息不对称方面发挥积极作用，为管理部门有效监管提供参考依据，帮助市场主体有效规避市场风险。张本继末，细细梳理，龚浩成将我国资信评估行业的发展分为五个阶段：

"小荷才露尖尖角"，资信评估行业的初创时期起步于1987年。那一年，国务院发布了《企业债券管理暂行条例》，同年中国人民银行开始规定全国地方企业发行债券计划额度。在债券市场起步阶段，监管部门就极为重视风险控制，在发行阶段引入信用评级制度，各地纷纷开始组建资信评估机构，由此拉开我国资信评估事业的帷幕。中国人民银行系统组建了20多家评估机构，各地专业银行的咨询公司、调查信息部等咨询机构纷纷长出枝丫，为企业展开信用评级工作。1988年3月，上海远东资信评估有限公司率先成立。

第二阶段从1989年到1990年。受国内经济过热引发抢购风潮的影响，1989年政府工作报告明确要治理整顿和深化改革，开展企业债券清理整顿。中央实行了"双紧"政策，采取了很多缩紧银根的措施，各地资金市场逐渐萎缩。同时中国人民银行于1989年9月下发了《关于撤销人民银行设立的证券公司、信誉评级公司的通知》，中国人民银行和专业银行设立的评估公司一律撤销，信用评级业务交由信誉评级委员会办理。

1990年开启第三阶段，信用评级事业进入了一个以组建信誉评级委员会为基本模式开展业务的新时期。1990年7月下旬，由南宁、大连、沈阳等评委办事机构倡议，共10省市在桂林召开了全国信誉评级委员会第一次联席会议。桂林会议之后，中国人民银行于同年8月中旬下发了《关于设立信誉评级委员会有关问题的通知》，至此，评估机构的组织问题基本得到解决。1992年4月，全国评委第三次联席会议在海口召开，会议审定并通过了信誉评级指标体系，评级业务也走向规范化和制度化。

重整旗鼓再出发，第四阶段从1992年到1996年，资信评估业进入探索和调整阶段。1992年6月，中国信用评级协会筹备组制定了《债券信用评级办法》，建立了我国自己的评级指标体系和方法，为我国信用评级制度奠定了基础。1992年7月，上海新世纪资信评估有限公司成立。1992年12月，国务院下发《关于进一步加强证券市场宏观管理的通知》，对证券市场的管理体制提出了改进意见，并明确了债券信誉评级工作应作为债券发行审批的一个必要程序。对此，各省市执行情况各有不同，债券评估业务受到一定影响。1993年国务院发文规定，企业债券必须进行信用评级，并要求1亿元以上的企业债券需经过全国性的评级机构评估。这个阶段，各地、各大中型城市几乎都有资信评估机构，资信评估行业进入稳定发展时期。

党的十五大的召开确立了市场经济的发展方向，明确指出发展资本市场的目标。第五阶段是1997年至今，当为评估业迅速发展的阶段。一些评估机构在新形势下也开始谋求机构的改革与业务规模的扩大，而一些较为市场化的新型评估机构也正在民间孕育。1997年，中国人民银行确定中国诚信证券评估有限公司等几家机构具备企业债券资信评级资格，并明确规定企业债券发行主体在发债前，必须经央行认可的企业债券信用评级机构进行信用评级。为了控制信贷风险，中国人民银行各分行纷纷要求各商业银行对贷款1亿元以上的企业，除银行审贷部门评级外，同时由人行分行指定的独立评级公司进行信用评级。目前，各商业银行的信贷部门都兼有资信评估的职能。为配合贷款证管理制度的实行，中国人民银行各分行已陆续认定资信评级机构对贷款证企业进行一般资信评级与跟踪评级。2003年前后，上海、江苏、宁波、厦门、福州等省市开始实行贷款大户由评级机构评级，商业银行的贷款证评级正在成为资信评级公司的重要业务。为提高资信评级行业的影响，已有一些规模较大的评级公司着手对银行、证券公司等机构进行自主评级。

龚浩成看得很明白，我国资信评级机构一般都采用定性分析和定量分析相结合的方法，但在具体的指标体系上仍有一定的差别。资信评级机构的业务范围主要包括金融机构资信评级、贷款项目评级、企业资信评级、企业债券及短期融资债券资信等级评级、保险及证券公司等级评级等，以中诚信、大公、联合和上海新世纪等为代表的一些独立评级机构已初步奠定了行业内的领先地位，独立的资信评级机构表现出较好的发展前景。

"三无"状态栽培申城资信评估幼苗

遥想四十年前，中国尚未有资信评级行业的概念，昔时这一功能由银行系统中的信用评估委员会执行，银行内部的"老法师"操持。

金融改革浪潮初涌，辽宁省率先成立了一家评估公司，但也是归属于中国人民银行系统麾下。龚浩成放下教鞭进入人民银行后，敏锐地意识到中介机构在金融领域中不可或缺的重要性，提出了筹建独立的第三方资信评级机构的前瞻性意见。当时还没有债券，龚浩成就预见到了发行债券时要开展评级工作，在无实物、无参照、无实践的"三无"状况下，他超前做出判断和规划，可谓深谋远虑，领先一步。

龚浩成回顾筹划设立资信公司的初期，认为当初对于资信评级公司的认识具有一定的片面性。人行上海市分行曾经对资信评级行业做过一番调查研究，觉得中国人民银行自身不能进行评估，原因在于央行作为监管者，不应介入评估商业银行的风险大小，而应当顺应国际惯例，在国内培育独立于金融机构的第三方，即信用评估机构来行使这一职能。虽然银行本身需要评定风险等级，但这不能代替社会机构对信用等级的评定，为此亟需设立一家资信评估公司。如今，独立性已经成为国际评级机构评价指标的重要支柱。

审势相机，龚浩成对国际上的信用评级机构作了充分了解。世界上历史最悠久的评级机构当推1890年由约翰·穆迪创立的穆迪投资者服务公司，其可谓是历史最长、规模最大、最具权威性的。这样的企业影响力非常大，以2009年底爆发的希腊主权信用危机为例，其中一个重要因素就是惠誉、标准普尔等国际信用评级机构把希腊的主权信用评级从"A-"降到"BBB+"，2010年4月标准普尔还继续下调希腊主权信用评级至"BB+"，对西班牙、葡萄牙等国也下调了主权信用评级，这引起了欧元区的大震动。由此可见，信用评级必须要做到公正、公开、公平，要具备极强的社会公信力，倘若信用评级机构自身与被评估的对象存在利害关系，把"病入膏肓"的患者诊断评定为健康体质，就会搅浑视听，引发不公，因而市场呼唤第三方来参与评判。

人常说"兵马未动，粮草先行"，中国人民银行上海市分行设想由社会单位来设立信用评级机构，而不由政府或商业银行出面。于是，选择了上海社会科学院和上海财经大学两家单位，这是考虑到这两个单位学科性强，进行信用评级比较客观、公正，具有权威性，并且专家实力雄厚，拥有会计、统计、金融、财政等各方面的人才，有利于机构的初创。

时任上海社会科学院世界经济研究所国际金融研究室主任的唐雄俊，曾是龚浩成读大学时的老师，他对龚浩成袒露心迹，上海社科院希望试点组建一家信用评级机构，这恰好与人行上海市分行的想法不谋而合。1988年3月，全国第一家独立于银行系统的信用评级机构——上海远东资信评估有限公司——悄然宣告成立。这家公司最初的资本金仅有5万元，由上海社会科学院和上海社会科学院世界经济研究所共同出资，各自拥有50%的股权，办公地点就设在上海社科院3楼最西面的一间办公室，仅有40多平方米，门口钉上了一块白底黑字的招牌。筹建之初曾想将公司取名为"上海资信评估公司"，龚

　　1988年一个春天的早晨，上海社会科学院办公楼3楼最西面的一间办公室门口钉上了一块白底黑字的木制招牌。国内第一家专业资信评估机构就在这里悄悄诞生了

浩成提议，搞金融要有国际视野，况且上海曾经是远东最大的金融中心，所以最终定名"远东资信"。

考虑到商品经济下的市场竞争不能由一家垄断，龚浩成也积极鼓励推动其他具有学术性的资信评估机构"粉墨亮相，同台唱戏"。1992年7月，上海财经大学与中国金融教育发展基金会共同投资组建了上海新世纪资信评估投资服务有限公司，昂首加入信用评级的"阵营"。

开门迎客并非难事，真正的考验还在后头。作为国内最早面世的资信评估"双雄"，远东、新世纪两家机构将经营触角延伸到资信服务、债券评估、投资咨询等领域。或许是国有大型银行"疾忌讳医"，不愿主动参与"体检"，更不愿由"乳臭未干"的信用评级机构对自身"指手画脚"，因此公司建立之初的业务范围仅仅局限于信用债评级。让人难以置信的是，远东资信评估公司在1987至1989年间，只承揽到5单评级业务。新世纪资信评估投资服务有限公司总经理朱荣恩也回忆道，新世纪最初成立时，中央债券停发，上海浦东新区一年给出6亿元短期融资券的指标让公司做评估，没几笔业务好做，门可罗雀，"生意惨淡"，所以起步阶段的远东、新世纪两家公司均备尝艰辛。相形而言，由人行上海市分行离退休干部组织设立的一家信用评级机构，倒是"顺风顺水"，半年里承揽了80单评级业务，因为恰好当时上海市负责信用社联社的主任离休前曾任人民银行上海市分行副行长，通过这层关系，这家信用评级机构受理的业务远远超出了远东、新世纪两家专业公司。龚浩成坦言，"对于这种情况，人民银行其实也爱莫能助"。

"夹缝中求生存"拥抱市场新机遇

"花开堪折直须折，莫待无花空折枝。"面对初出茅庐之际国内资信评估市场较小、业务量匮乏的窘境，早期资信评估中介机构除从事信用评级业务之外，也从事部分上市与投资咨询业务，为企业的股份制改革和公司上市提供咨询策划。

在龚浩成看来，上市代理服务涉及面广，程序环节多，许多拟上市公司的负责人不能完全做到"信息对称"，而资信评估机构利用自身优势承担起交易所与上市公司之间的桥梁和纽带。拿新世纪资信公司来说，尽管缺乏代理机构从事上市代理业务的法律规范，但他们百折不挠，在摸索中匍匐，在坚守中收获。1992年10月13日，三爱富公司上市公告书正式刊登，成为新世纪资信上市代理服务的第一个客户，由此局面很快打开，后续拟上市公司纷纷前来咨询，业务量积少成多，一飞冲天。"基础不牢，地动山摇。"为此，新世纪资信公司专门编写了上市代理服务流程，对从报表编制、上市申请到相关文件准备以及上市招股书的编写等都做了明确规范，使客户"小葱拌豆腐"看个一清二楚。从1992年至1994年，新世纪资信先后为近百家股票上市公司提供"量体裁衣"的专业服务，对证券市场的迅猛发展竭尽全力，功不可没。不过1994年之后，伴随着股市的持续低迷，证券公司并驱争先竞争愈发白热化，加上限制性的法规制度鱼贯出台，上市公司代理业务逐步萎缩，信用评级机构的业务结构势必面临调整和升级。

穷则变，变则通，通则久。早期资信评估机构也在费尽心思，为投资咨询业务开辟新领域、新模式。1993年下半年开始，由于市场急剧扩容和宏观调控影响，股市开始进入下降通道，上证综合指数跌破500点整数大关。有股民调侃："绿草连天隐云中，股市难见一点红。"面对此种形势，在上海证券交易所的动议下，由上海证券报社和新世纪资信组成调研小组对青岛啤酒、青岛海尔等公司进行考察，出具了《青岛啤酒投资价值报告》，拓宽了投资者的信息知情渠道，报告刊登后，青岛啤酒股票价格扶摇直上。这一价值报告的模式瞬间被众多证券公司和咨询中介机构仿效。在上市公司股票发行、上市、配股的咨询时运用投资价值报告形式，已然成为证券投资咨询业提供"标配服务"的独特产品。

中国资信评级行业的真正转折点发生在1996年，中国人民银行推出《贷款通则》，要求企业贷款时必须办理贷款卡，同时贷款人要了解借款人的信用等级，评级可由贷款人独立进行，内部掌握，也可由职权部门批准的评估机构进行。贷款企业评级可谓挽救中国评级行业生存的关键一着，评级公司开始参与贷款评定，采用市场化运作机制，充分调动了商业银行与评级机构的积极性。

人行上海市分行接到政策指令后，闻风而动，迅速部署，于1997

年推开了贷款企业资信评估试点。其间，中国人民银行相继发文，"贷款在3000万元以上的企业，需每年经过评级公司评定"，由此带来的贷款评级业务解决了一批信用评级机构的业务生存困境。龚浩成做过统计，那时受理评定的信贷企业约占上海市20%，但贷款余额却覆盖了全市80%的信贷总量，这个体系的建立为以后中国人民银行征信系统的建立打下了坚实基础，这些做法也引发浙江、福建等地纷纷效仿。退居二线的龚浩成还多次参加全国信誉评级委员会联席会议，与各地交流情况，分享经验，取长补短。

如同现代金融体系运行的一块基石，2003年11月，中国人民银行征信管理局正式对外挂牌，立足于整章建制，创设"国标"，统筹考虑全国范围内资信评级行业的发展。征信管理局调研第一站就风尘仆仆来到上海，悉心了解整体推进情况，随即召开了中国信贷评级十周年会议。2006年央行制定颁布《信贷市场和银行间市场在债券市场信用评级规范》，很大程度上借鉴了上海的经验和操作步骤，为中国的评级业培养了人才和技术力量。这期间，信用评级机构积极抓住信贷企业评级的发展机遇，坚持以贷款企业资信评级业务为中心，促进其他评估业务的研究和产业化，带动投资咨询、管理咨询、资产评估等业务的恢复和发展。"日出江花红胜火"，进入新世纪中国银行间债券市场崭露头角，对资信评级的需求日长夜大，资信评级不再囿于贷款企业评级，而是扩展至债券市场的评级，参与金融债、企业债、公司债、熊猫债等多种类债券的评估。

春华秋实，夏菡冬蕴。上海逐步拥有9家具备较强能力的信用评级机构，评级标的一般为3000万元以上债权。龚浩成认为这种情况已属比较理想，并且独具慧眼地从资信评级机构业务中发现了一些问题，例如他看到地方政府特别是乡镇融资平台，潜藏着较大的业务风险，可能成为将来中国信贷危机的导火索，直截了当指出弊病，引起有关方面的重视。

　　信用评级行业的公平公正原则为第一要素，但按照龚浩成的观点，"上海评级行业距离一个客观公正的评级市场还非常遥远"。一方面，央行负责监管信用评级业务并分配任务给各家信用评级机构，上海属于全国信用评级发展最好的地区之一，况且尚未形成市场，而由行政分配任务；另一方面，信用评级公司对其自身参与投资的企业往往给予较高的评级，对于其自身退出的企业则"另眼相看"，诸如此类缺乏公正的现象仍时有所闻，必须予以及时匡正。他还注意到，新《巴塞尔协议》中制约银行的贷款涉及内部评级，并认为内部评级和外部评级是相辅相成的关系，二者之间不能互相替代，这种形式下透明度更高，更加公平合理，他以为这种见解是值得参考的。

　　三十多年前，洞察力敏锐的龚浩成在规划与创建中国资信评级行业时，确立了"独立、客观、诚信、竞争"的基础思想，用金融实践的丰富养料不断浇灌行业成长的参天大树，迸发出强大的生命力，在构筑金融中心的框架中起到不可估量的作用。

三、大鹏一日同风起：催生同业拆借及期货市场

沪上银行间同业拆借市场，可称为龚浩成担任人行上海市分行行长时期建立的三大市场之一，取得了巨大的成功。"世事如苍狗白云。"上海钱庄同业间的拆借市场有着悠久的历史，翻开1872年5月《申报》，已有拆息行市的记载。最初，钱庄业在南北两市各有一个市场。南市场设在豆市街济阳里，北市场初设天津路皋成里，后迁宁波路兴仁里，俗称"钱行"。每日各庄均派专人到场公议行市，所有资金的拆进拆出，均在市场成交。1923年钱业公会在宁波路的新屋落成，市场迁入新屋，同时南北两市亦合二为一。在拆借市场拆进拆出的款项，谓之"拆票"，拆款所定的利率，谓之"拆息"。拆息行市，犹如反映上海金融市场资金供需情况最灵敏的"寒暑表"，上海其他资金借贷利率的涨落，都以拆息的涨落为转移。

善于鉴往知来的龚浩成意识到，发展"一手托两家，牵线搭桥做红娘"的银行间同业拆借市场，使商业银行通过市场筹措短期资金，能够减少商业银行对中央银行贷款的依赖，也为中央银行观测备付金率、同业拆借利率的变化，调整政策措施提供了必要途径。而严格意义上的同业拆借市场应当是金融机构之间短期资金的调配。例如，银行间同业拆借市场只能是银行和银行之间的借款，而不包括企业向银行的借款。银行间同业拆借市场是改革开放后发展最早最快、规模最大的一个货币市场。

屈指一数，当今世界上有几个著名的以银行间同业拆借市场为平台的拆放利率常挂金融人士嘴边，如伦敦银行间同业拆放利率（London Interbank Offered Rate，简称LIBOR）新加坡银行间同业拆放利率（Singapore Interbank Offered Rate，简称SIBOR）上海银行间同业拆放利率（Shanghai Interbank Offered Rate，简称SHIBOR）。沪上银行间同业拆借市场由自发到自觉，由简易到成熟，由零落到兴盛，经历了坎坷曲折的建设过程。

"别人用不了的钱，你能用；别人要用钱，你能供"

计划经济导致计划金融。忆往昔，我国实行高度集中和统一的信贷资金管理体制，银行间的资金余额只能通过行政手段纵向调剂，而不能自由地横向融通。在这种信贷资金只能"上调下拨"的被动局面下，不可能存在拆借市场。随着金融体制改革纵深推进，多种金融机构群雄逐鹿，中国人民银行各级分支机构相对独立利益的确立和逐渐强化，使得资金在不同金融机构之间和不同地区之间流动成为必要和可能。中国人民银行自1984年起正式行使中央银行职能，要求各商业银行提取法定准备金，客观结果导致商业银行之间为了满足法定存款准备金的要求，常常有拆入或拆出的需求。上海银行间同业拆借市场就在这样的环境下自发萌芽了。

比全国拆借中心早了十多年，1984年上海商业银行立足系统内开办了拆借业务，随后拆借业务波及系统之外。龚浩成十分强调，银行间同业拆借的有形市场最早不是由人行上海市分行设立的，而是由中国工商银行上海市分行率先推出。1986年8月31日，工行在北苏州路100号的一幢老大楼里"因陋就简"开出了面向本行的拆借市场，这是上海诞生的第一个有形的短期资金市场。

龚浩成形象举例了资金切块管理对银行头寸调剂带来的困扰。譬如中国工商银行静安区支行急需借用资金，只能向工行上海市分行提出申请，假设普陀区支行资金充裕，静安和普陀两个支行之间不能单独进行借贷，这就导致在工行内部每发生一笔贷款都要经过工行上海市分行。"思路决定出路，脑子决定步子"，工商银行为此决定在内部建立一个拆借市场，调剂资金余缺的障碍迎刃而解：静安和普陀两家支行可以"自由恋爱"直接借贷，无须"父母之命""媒妁之言"，利率由双方自行商量，这便是沪上银行间同业拆借市场的雏形。

然而，工行上海市分行内部设立的同业拆借市场，只能解决本行的"一见钟情"，同其他银行或外埠银行即便"擦出火花"，也无法实现"比翼双飞"。龚浩成对此种"棒打鸳鸯"的窘况不以为然，他提出随着资金切块管理的逐渐改变，银行间拆借的限制也应逐步放开。他分析，民国时期上海作为全国的金融中心，一方面依靠大量金融机构的集聚，另一方面得益于各地海量资金的汇集。改革开放后，与政府关联密切的"工农中建"四大国有商业银行的总部不设在上海，外资银行也不可能将总部搬迁来沪，在此背景下，上海要建设金融中心必须依靠金融市场、依靠资金流动。

1986年9月1日，我国第一家资金拆借的有形市场——工商银行上海市分行短期资金市场在上海市北苏州路100号诞生

金融创新，规则先行。早在1986年6月，根据国家体制改革委员会和中国人民银行总行的改革试点会议要求，人行上海市分行制订了《上海市银行同业拆借条例》，对同业拆借的主体、拆借的资金来源与用途、拆借的利率、拆借期限等都作了明确规定，从而在制度上保证了同业拆借的健康发展。

龚浩成见证了1987年6月4日这一重要时刻，中国人民银行上海市分行推动建设的上海统一的银行间同业拆借市场——上海资金市场——宣告开业。选址于陆家浜路一栋正在建造的大楼中的上海资金市场，当然有"敢吃螃蟹"的工行上海市分行短期资金市场的影子，也有全市八个证券柜台业务交易点以及市外商投资企业外汇调剂中心的参与。后经中国人民银行总行批准，于1988年6月改组为上海融资公司，由上海市39家金融机构合资，作为一家中介服务机构，专事短期资金拆借融通业务。1989年5月，改称上海短期资金调剂中心。

一周6个工作日48个小时的连续运转，为上海融资中心带来了交易成员的扩容和交易量的增长。相较1986年的91亿元发展到1988年的797亿元，增长了6.8倍，同比增长168.69%。成立3年之后，融资中心开始为27个省市的金融机构提供资金拆借，业务版图也从上海扩展至全国。

似水光阴，1986年到1996年短短十年时间里，银行间同业拆借市场由人行上海市分行直接管理。上海融资中心曾经在资金市场中扮演起重要角色，它的出现打破了银行和地域之间的界限壁垒，使得信贷资金既可以垂直流动又可以横向流动，并且通过自营买断，使资金化整为零或化零为整，拉升了市场流通资金的使用效率。

白手起家建立上海银行间同业拆借市场之初，龚浩成提出了业务的基本"底线"：利率不能由银行自行规定，要由中国人民银行总行规定。他派遣时任人行上海市分行主管资金的计划处处长陈人俊管理拆借市场，并向他耳提面命："一是要做到别人用不了的钱，你能用；二要做到别人要用钱，你能供"。尽管要达到这两点要求难如登天，因为在当时的管理体制下，各部委主管的企业，其资金都须如数上交，而上海方面意欲通过拆借的渠道将资金留驻本地。龚浩成嘱咐陈人俊因势而谋，顺势而为，毕竟倘能有所突破，上海金融中心的地位将无可撼动。

天文数字般的拆借资金竟无一笔"坏账"

"万树江边杏，新开一夜风。"邓小平的南方谈话清晰勾勒了中国经济体制改革的方向，为中国经济注入了新的活力，国民经济驶入高速增长的"快车道"，为满足资金需求，资金拆借市场由此跑出"加速度"。为了促使银行间同业拆借市场健康发展，1990年3月中国人民银行颁布了《同业拆借管理试行办法》，对资金拆借的投向、价格作出规定，明确拆借应以日拆性为主，只能弥补短期资金的需要，不能用于固定资产的投资；农村信用社的拆借原则上在各县进行，县联合城市信用社的拆借主要在市内进行，银行的部、办、行和投资信托公司的拆借主要在市内进行，须经分行同意才可参与经济区内的拆借活动。

让龚浩成记忆犹新的是，此时在全国范围内，拆借市场与银行信贷业务高度相关，一方面弥补体制外民营经济的融资需求，另一方面部分机构投资者也利用市场融入资金进行股票投资，由此，银行信贷市场和资本市场通过同业拆借市场建立了联系机制。然而，初生的资本市场如脱缰的野马横冲直撞，违规行为屡见不鲜，无论利率还是拆借资金的用途、期限都违反中国人民银行的规定。比如，央行规定拆借利率的上限是月息6‰，但在实际交易中月利率可能高达15‰，在南方的一些城市甚至高达20‰。"乱局用重典，沉疴下猛药。"中国人民银行陆续出台一系列政策法规整顿金融秩序，对拆借市场的利率、期限、资金用途、中介机构以及运行秩序等开展全面规制。

相形之下，上海的拆借市场循规蹈矩，在央行划定的政策范围内施展身手，"蹄疾步稳，虽远必达。"龚浩成算了算，1986年到1996年十年间，上海拆借市场每年的平均拆借额是3000亿元，合计约3万亿元。而1995年全国资金拆借市场的融资量刚刚突破1万亿元，可见上海拆借市场的融资量已经非常可观。

倘若给中国地图标注记号，那时上海的拆解业务覆盖全国，北至黑龙江，南至深圳，西至新疆，形同"星火燎原"之势。而在全国的地方拆借市场乱象丛生的情形下，恒河沙数一般的上海3万亿元拆借资金里，竟然没有一笔打政策"擦边球"，没有一笔超过央行规定的利率，也没有一笔不能按时偿还的"坏账"，这无疑要归功于人行上海市分行的严格规定与严格管理。龚浩成指出，这些资金并非人行上海市分行所有，犹如"南水北调，西气东输"，各地闲余资金汇聚上海，再调剂至各方，上海拆借市场仅收取一些基本运营费用。

1995年9月，中国人民银行开始建立全国统一的拆借市场，着手清理原有的市场。大浪淘沙，全国大多数地方的拆解市场都存在"坏账"，不能按期还款、违背拆借资金用途或者超过央行规定利率的情况比比皆是，唯独上海没有一笔损失，这令时任中国人民银行行长戴相龙一时难以置信，啧啧称奇，直到莅沪视察时才发现事实果真如此。龚浩成感叹："这是相当不容易的。"

百川争流归大海。仅仅过了几个月，全国银行间同业拆借市场筹备会议在上海召开，明确从1996年1月1日起，所有金融机构的同业拆借业务都必须通过全国统一同业拆借市场网络办理，彻底改变了同业拆借市场分割的状态。1996年1月3日，由中国人民银行组建的全国银行间拆借市场依托外汇交易中心系统运行并生成全国统一的同业拆借市场利率（China Interbank Offered Rate，简称CHIBOR），分为两个交易网络：一级网络通过中国外汇交易中心的通信网络和计算机系统进行交易，由各类商业银行和中国人民银行各省、自治区、直辖市分行牵头的融资中心参与，一举扭转了资金分块管理的局面，推动实现了让各家商业银行总行成为一级法人，对自己系统内的资金进行统一调度和管理的改革方向，促进货币市场走向统一；二级网络由融资中心牵头，经商业银行总行授权的分支机构和非银行金融机构共同参与交易。简而言之，两级交易网络体系的建立，对于形成全国统一的市场利率产生极大的推动作用，中国统一的同业拆借市场框架基本形成。

原中国外汇交易中心的一位总裁道出全国银行间同业拆借中心第一单会落在中山东一路15号这块"福地"的缘由："因为外汇交易中心的系统和算法已经相当完备，同业拆借市场只不过是把外汇换成了人民币，甚至在很多银行，资金拆解业务是和外汇交易业务同设在一个部门的。"1998年，在全国银行间同业拆借中心成立的第三个年头，上海融资中心完成了它的历史使命，宣告撤销。

弹指之间，市场"集群效应"日益显现。1998年初，为加强商业银行内部资金管理，央行批准商业银行可以授权其分行加入全国同业拆借市场，从事授权范围内的信用拆借、债券回购和现券买卖业务。中国外汇交易中心于2002年6月1日起为金融机构办理外币拆借中介业务，凡具有外币拆借资格的金融机构均可以进入该拆借市场，利率由双方协商，为中国人民银行掌握外币资金变动情况提供价格信号。中国人民银行着眼于推进利率市场化和货币调控机制的改革，自2006年底开始尝试运行上海银行间同业拆放利率，并于2007年1月4日正式运行，这是中国利率体系建设值得记述的浓重一笔。

好比建造高楼大厦，有人打桩立基，有人砌墙浇铸，还有人添砖加瓦。若没有最初牢固坚实的根基，再高的房屋也无法平地建起。当人们用同样的眼光回望金融市场改革开放数十载所走过的路，便会发现，不论成败功过，包括龚浩成在内的每一位敢为人先、投身改革的金融弄潮儿都不会白费功夫。

从容应对峰回路转 "金属交易所保住了"

中国期货市场的推出和成立是一个很漫长而复杂的过程。一直以来，它是在不断地"试错"的过程中慢慢成熟起来的。

龚浩成常讲，在传统的计划经济的体制下，凡讲市场经济都是资本主义的东西，"买空""卖空"等做法都是受到冲击的对象。尽管党的十一届三中全会以后人们思想有了较大的解放，特别是经过改革开放的洗礼，市场经济破土萌芽，但长期形成的对卖空买空等的恐惧和疑虑，很难一下子消除。因此，虽说当时已经初步具备了期货市场产生的条件，对期货市场的理论还是经过了长时间探讨、经过了岁月的认证，才逐渐建立起真正的期货市场。龚浩成心里一直琢磨，上海在合适时机也要尝尝这只金融"大闸蟹"。

只是，最初的尝试首先在南风劲吹的深圳落地。1991年12月，深圳成立了深圳有色金属交易所，这是以中国有色工业总公司为主导而成立的行业性交易所。它与传统的交易方式差不多，被称为"贴拍交易"，就是投资者把自己想要交易的信息贴在黑板上，然后有意向交易的人看到消息后，就上去将这个消息拿下来，觉得合适了，两个人就可以达成交易。成交以后，将这个消息再度贴出去，说明刚才有一个怎样的成交信息，作为下一个投资者的交易指导。对于当时的情况而言，这样的交易方式已经比较开放，比较透明了。不过，真正意义上的期货交易所其实诞生在上海。

形势催人奋进，浦江之滨春潮涌动深化改革开放，加快金融要素市场建设，1991年底，上海金属交易所的讨论与筹备工作在跌宕波折之中开启。当时，谁都没有把握期货市场在上海究竟能不能发展起来，会不会被算作"投机倒把"，这中间有太多不可预测的因素和风险。

龚浩成出主意，可以先在媒体上吹吹风，为期货市场筹建工作"鸣锣开道"造造舆论。不久，《解放日报》头版发表题为"我们也要卖空买空"的文章，介绍了上海金属交易所的筹备开业情况。这下真的像炸开了锅，有人赞成，有人不理解。当时分管筹建工作的一位市领导立即指示"一定要注意正面影响"。但是龚浩成和筹建组都倍感振奋，说明社会已经开始关注期货市场雏形的建立，同时主流媒体是支持这项新生事物的。整个筹备团队起初总共才9个人，3位筹备组，6位工作人员，他们调侃自己是"三六九"。

蓄势后发，1992年5月28日，由物资部和上海市政府共同组建的上海金属交易所正式掀起"红盖头"，国内的第一张期货标准合约也同步问世。当日上午10点，中国有色金属材料总公司和上海金属材料公司完成了第一笔交易，这张小小的成交单，无疑是一个强烈信号，不仅代表着上海期货市场的发端和兴起，更意味着金融大都会朝着市场经济方向迈出了可喜的一步。

辛勤付出终有回报，金属交易所预期当年的交易金额在20亿元左右，事实上，开业仅半年就达到了480亿元。更为重要的是，交易所开业四年后，国家计划委员会发文明确国家计划分配的有色金属的任务必须严格执行，但价格不再执行计划价，而是按上海金属交易所上一个星期实物交割的加权平均价格执行。这个文件意味着计划价格第一次被市场价格取代，期货市场的价格发现功能得到了国家的正式认可。在期货的字典里，价格是开放透明的，谁都可以跻身其中，无时不刻，瞬息万变，这样的价格自然就有了代表性和公信度。因为，在"同力协契"作用下产生的价格，即使存在一点偏离，也会即时得到市场力量的修正。

1992年5月28日，上海市副市长顾传训为上海金属交易所开业鸣锣

　　殊不知，其间还发生了一点波折。金属交易所开张几个月后，各类有色金属价格逐步上涨，铜价从每吨16500元升至22500元，铝价从每吨9200元升至13000元。一时间，交易所导致了通货膨胀的议论满天飞，各种内参直达国务院。很快，有关部门发来一纸传真，要求上海方面回答三个问题：第一，现在的铜价为什么这么高？第二，上海金属交易所对价格有没有控制管理办法？第三，深圳已经有了一个有色金属交易所，上海为什么还要搞金属交易所？

　　这事可非同小可，关乎上海金属交易所"进退存亡"啊！在龚浩成的召集下，汇聚众人智慧"应考答题"给出了明确且很有说服力的回应。"当前的铜价十分正常"，原因有三：一是国民经济逐步恢复，国家物资消费日益扩大，不仅是铜，钢铁的价格也都提高了30%，因此有色金属价格提高30%左右符合市场规律；二是铜价上涨后，原材料的生产企业喜形于色，原来维持低价位属于亏损生产，现在价格上升便有利润空间，有助于调动企业生产的积极性；三是当年那段时期伦敦金属交易所的铜价也同样上升了30%左右，故而铜价上涨同国际铜价的走势相符。至于"为什么深圳建立了金属交易所，上海还要搞"？这缘于上海是有色金属的主要消耗地，有色金属交易市场适宜建在交通枢纽和金融中心城市，上海创建期货市场，对全国的辐射面和贡献度更胜一筹。这份"答卷"通过物资部转交到了国务院，获得了肯定，"上海金属交易所终于保住了"。然而，龚浩成也再三告诫交易所的创始团队，做期货交易管理必须要严格，价格一定不能乱炒，否则市场一有风吹浪打，便会折戟沉沙，前功尽弃。

1998年8月，根据国务院关于进一步整顿规范期货市场的要求，上海的三家交易所，即上海金属交易所、上海粮油商品交易所、上海商品交易所实行合并，组建上海期货交易所，期货交易所受中国证监会集中统一监督管理，并按照其章程实行自律管理。随着行业风险控制能力的强化提高、市场交易的持续活跃和规模的稳步扩大，上海期货交易所的市场功能及其辐射影响力显著增强。

四、世事洞明皆学问：助力金融法治环境建设

评说社会法治，人们时常引用一句典语："法立于上则俗成于下。"提升国际金融市场法治化水平，已成为全球共识。常说金融是经营管理风险的行业，清晰完备的司法规则体系能够稳定市场主体的

预期，提高金融配置的资源效率，有效防范化解金融风险。"外国人进到中国，希望有一个法规放在那里更有指引。这是对外资非常友好的支持和定心丸，也对金融改革开放创新具有保驾护航的重要支撑作用。"龚浩成思于心，敏于行。

然而，那时的实际情形是："懂金融的不懂立法，懂立法的不懂金融。"自20世纪70年代末起，中国全面启动经济体制改革的按钮，金融改革作为经济体制改革的一部分也由此揭开帷幕。金融体制改革向纵深推进离不开法律的规范与创新，而将上海建设成为国际金融中心，尤其需要打造良好的金融环境，其中不仅包括中介机构、要素市场，还包括监管体系、法治环境，等等。龚浩成统观全国金融法治建设，深为之而自豪。上海作为全国金融体制改革的排头兵，担负着建成国际金融中心的艰巨任务，在充满荆棘的征途上几乎没有走过弯路，紧随改革战略步伐顺水行舟，这同当年把控"金融方向盘"的龚浩成的高瞻远瞩密不可分，即在充分理解和运用国家政策法规的基础上，遵循市场规律办事，不拘于眼前之利，而谋求长远之计。

"人们嘴上挂着的法律，其真实含义是财富"

"坚持金融改革，法规先行，金融体制改革与建立健全金融法规相辅相成、互相促进。"龚浩成常对同道人谆谆告诫。

中国的金融开放曾经走出两波小高潮：先是将近20年前，以外资银行为主的实体落户北京上海，亦或参股内地银行、券商及基金；紧接着，始于2018年新一轮开放，外资基金、券商、保险在中国内地获得控股地位。

推行金融改革之初，相关法规"左支右绌"，很不完备，对于企业或者公司进入金融市场缺乏必要的制度和监管，金融法治建设严重滞后于金融业务突飞猛进，无法完全做到有法可依、依法管理。20世纪80年代，我国正处于金融体制改革大刀阔斧的时期，建立金融法规有助于正确处理金融体制改革进程中难以避免的种种弊端，而金融改革诸多创新之举则为金融法规开辟新域，使法规制定日臻完善。龚浩成一言以蔽之，金融法规的制定是金融市场发展必不可少的组成部分，法治保障护航金融开放。从长远来看，良好的金融法治环境，将会吸引全球投资者参与金融交易，推动国际金融市场开放和合作。

西方有句谚语，颇为形象地道出了法律和金融的关系："人们嘴上挂着的法律，其真实含义是财富。"回望保险业一路跋山涉水，保险体制改革和保险法规建设总是步调一致，互相促进。1980年，中国恢复了国内保险业务并重建中国人民保险公司，1985年在总结保险市场几年发展经验的基础上，国务院颁布了《保险企业管理暂行条例》，条例规定保险行业的国家管理机关为中国人民银行，并对保险企业设立、中国人民保险公司的性质和业务范围、保险企业的偿付能力和保险准备金以及再保险等作了规定。条例颁布后，相继出现了新疆兵团保险公司、中国平安保险公司、太平洋保险公司等"后起之秀"，打破中国人民保险公司独家垄断经营的局面。

为助推外资保险登陆上海，龚浩成曾经连夜赶赴北京汇报。"精诚所至，金石为开。"其实，早在央行批准友邦保险进入中国重返上海设立分公司之前，龚浩成就同决策层研究制定《上海外资保险机构暂行管理办法》，规定外国保险公司可以申请在华设立分公司和中外合资保险公司，并针对设立的条件、手续、资本金、偿付能力与准备金、业务范围、投资形式等作了规范。"无论开始制定的法规是否完备、是否能反映实际情况，对于外资保险公司的管理必须要有明确的管理办法，而后才能在实际运行中加以改进，这是金融环境建设的必备要素。"龚浩成言之凿凿。

再观票据贴现市场，同样是法规与实践并驾齐驱。1984年人行推动票据贴现业务摸索前行，下发了《试办再贴现业务办法》。在龚浩成的主持下，1986年人行上海市分行制定《上海市同业拆借试行办法》，进一步规范拆借市场的行为。1989年，又将贴现同结算改革结合起来，以新的《银行结算办法》和《上海票据暂行规定（修定本）及其实施细则》作为法律保障，分两步推行使用票据，从而把借贷双方关系用法律形式连接起来，促使方兴未艾的贴现市场更为有序健康地发展。

黑格尔在《法哲学原理》中阐述："法律规定得愈明确，其条文就愈容易切实地施行。"证券市场牵一发而动全身，涉及范围更广，创造一个依法管理的法治环境显得尤为迫切。上海证券交易所创建伊始，证券市场并没有系统完整的法律条文，仅有相关部门制定的若干

"头痛医头，脚痛医脚"的规定。龚浩成在推动建立证券市场的时候，就考虑需要制订各项法律法规来规范证券市场的管理，先后出台了股票发行流通的管理办法、国债债券的发行流通管理办法、股份制或会员制的制度章程等。他认为，如果无法可依，就称不上真正意义上的证券市场。

此时，全国在金融法规特别是证券法规方面几乎是一片空白，亟需建立必要的法律法规，但此项工作尚未进入政府视野。就上海而言，股票已经发行和流通，虽然上海基于形势"临时抱佛脚"设计推出了一些管理办法，但"缝缝补补"终究经不起时间的考验。当时，金融法律法规的研究与建立，特别是之后B股管理办法，均由冯国荣、王华庆、王定甫等一批人行上海市分行研究所的年轻骨干分头承担，他们都在龚浩成的培养和锻炼下迅速成长，撰写并发布的法律法规不胜枚举：1984年《关于发行股票的暂行管理办法》，1987年《证券柜台交易暂行规定》《企业短期融资券管理暂行办法》《上海市企业债券管理暂行办法》《上海市股票管理暂行办法》，1990年《上海市证券交易管理办法》等。此外，还批准实施了《上海证券交易所章程》《交易市场业务试行规则》等十多个自律管理规则，规范了证券机构的经营行为，打击了一度猖獗的黑市交易。

说实话，为了催生这些法规尽快出台，龚浩成和"笔杆子"们焚膏继晷，辛勤耕耘，花费了极大精力。因为他们心里明白：尽管这些法规均属过渡性质，但若不能保质保量完成，那么上海证券交易所就不能如期鸣响开市的锣声。市场形态的更迭让证券规则的草创者生生不息，继往开来。身为市场发展最为核心的要素，改革先行者对于他们曾经培植和呵护的金融园地始终怀有一种难以割舍的情愫。即使若干年后，龚浩成看似云淡风轻的回忆，也会令听者对于这背后的"不破不立"而感慨万千。

大道不孤，众行致远。上海的金融法制建设具有时代性和传承性，从20世纪二三十年代沪上金融迎来鼎盛岁月，到新中国成立后进入全面建设社会主义时期，银行业整章建制筑牢合规"防火墙"，而且各项制度"长牙齿"执行起来相当严格，历来有"铁算盘、铁账本、铁规章"的"三铁"美誉。到1995年龚浩成办理退休手续，人民银行上海市分行行使央行职能十余年以来，已经制定了400多项规章制度，不仅为上海金融业的有序竞争提供了保证，也为外资金融机构入驻营造了合乎国际惯例的环境。

"料事如神"蹚过重重金融"急流险滩"

"风雷动，旌旗奋"，标志着新一轮的金融体制改革和金融法制建设的《关于金融体制改革的决定》于1993年12月发布。转眼到了1995年，被公认为我国的"金融立法年"。这一年，全国人大常委会先后颁布了"五法一决定"，即《中华人民共和国中国人民银行法》《中华人民共和国商业银行法》《中华人民共和国票据法》《中华人民共和国担保法》《中华人民共和国保险法》，以及《全国人大常委会关于惩治破坏金融秩序犯罪的决定》。"五法一决定"的问世，从根本上改变了我国金融领域欠缺基本法律规定的局面，初步形成了我国金融法律规范的基本框架。

在这金融法制史上具有里程碑意义的一年里，千呼万唤始出来的《公司法》也获得人大通过。《公司法》以社会本位为立法理念，借鉴大陆法系立法经验，实行严格的法定资本制，对公司的治理制度和法律地位进行了明确。《公司法》的制定和实施堪称我国法制建设的一件大事，它对于确定公司这一市场主体的法律地位、规范公司的组织和行为、建立现代企业制度、促进社会主义市场经济的健康发展有着重要意义。龚浩成表示，在《公司法》颁布之前，公司原本都被称为企业，企业的法人治理结构往往不够完善，《公司法》的颁布表明了企业和上市公司都跨入一个崭新阶段。

"法者，天下之仪也。"随后，1998年全国人大常委会通过《中华人民共和国证券法》，对证券发行、证券交易、上市公司收购、证券交易所、证券公司、证券登记结算机构、证券交易服务机构、证券业协会、证券监督管理机构等作出具体规定。2001年全国人大常委会通过《中华人民共和国信托法》，对信托的设立、信托财产、信托当事人、信托的变更与终止、公益信托等法律关系分别作出了规定。之后，《中华人民共和国外汇管理条例》《期货交易管理暂行条例》《中华人民共和国人民币管理条例》等法律和行政法规接踵出台，随着中国加入世界贸易组织（WTO）以及金融市场的发展，先后再度修订了《中国人民银行法》《商业银行法》《保险法》《证券法》等，这都为金融业的蓬勃兴起筑牢了安全屏障。

龚浩成始终认为，各项法律法规的制订对于金融体制改革而言不可或缺。犹如一剂强心剂，改革开放初期，龚浩成致力于上海地方金融法规体系的构建，为上海金融市场的宏业远图带来了生机活力，也是金融业少走弯路、蹚出新路的重要保障。

博采众长，与时俱进，刚性的金融法律法规必须根据金融市场的实际状况逐步优化改进，同时地方法规也要服从于国家层面的法律与政策指向，其发展绝非一蹴而就。对此，龚浩成深以为然。上海筹备订立金融法规时，国家层面的政策法规尚未出台，数十年未有先例的新生事物俯拾即是，不习惯于按部就班的龚浩成遵循市场规律，提出监管和经营互相独立的理念，作为指导上海金融市场创新的基本原则，这为上海金融市场的长远发展奠定了基础。

前文述及，1988年沪上筹建证券公司意欲申请业务"牌照"，人行金融管理司要求上海市分行自行开设证券公司为前提，才能批准另外两家证券公司。这时的中国人民银行兼任监管机构，某种程度包含了如今证监会的职能。龚浩成认为既是监管机构又要具体经营的做法，很不规范，可是为了适应发展现状，上海市分行组建了申银证券公司。不过，龚浩成叮嘱申银证券总经理不得买卖股票，以规避利益冲突而引发的道德风险。

改革开放"风起云涌天宇宽"，打破了中央政府在经济上的高度集权，主张向地方放权，对地方政府形成激励。急管繁弦之中，地方政府竞相创设大量提供融资服务的地方性金融机构，以求获得支配资金资源的权利，以金融业的繁荣促进地方经济的发展，一时呈现金融地方化、多元化现象。与此同时，地方政府采用各种手段干预国有银行经营，过分追求地方自身利益，在金融监管体系尚未完备的情况下，被称为"金融三乱"的乱批设金融机构、乱办金融业务和乱集资等现象频发。自1993年7月始，国务院当机立断大力整顿金融秩序，推行分业经营和分业管理的原则，一系列法律法规适时出炉，规定银行业、证券业、保险业分业经营与管理范畴，机构分别设立，后续形成了中国银监会、证监会和保监会"三足鼎立"的监管主体。此时，人行各省分支行创办的证券机构纷纷撤销或者转让，而上海申银证券公司早在1990年就转让给工商银行，足见龚浩成"料事如神"，颇有先见之明。

金融整顿的另一张"王牌"为金融机构和金融活动的严格准入制度，酝酿构建统一的金融监管体制。此前，由于地方政府直接或间接干预中国人民银行分支机构的人事安排和金融监管，国家金融监管部门的派出机构变为地方利益的代言人，中央银行执行货币政策的权威性和金融监管的独立性难以真正落实。1997年中国人民银行分支机构改革，撤销人民银行省级分行，建立了9个跨省分行，形成总行、分行、支行之间的垂直管理体系，增强了中央银行金融监管的独立性和制衡性。2003年银监会的设立，也使得银行监管和央行货币监管彻底分开。

恰如高明的棋手，龚浩成不争一城一池之得失，"走一步，看三步"，他预见到不按市场经济规则办事将会弊端丛生，也推断出中国金融市场经营和管理"分业""脱钩"之大潮，耳听六路，眼观八方，一着精妙，满盘皆活。

"327"国债风波，好了伤疤不忘疼

按照龚浩成的理解，监管和经营分离原则的背后是推行市场化最根本的"三公"原则：公开、公平、公正。背离"三公"原则，市场化就是一纸空文。诚如英国政治哲学家柏克所言："法律的基础有两个，而且只有两个……公平和实用。"

具体来说，公开原则，体现在金融监管当局要督促参与金融市场交易活动的有关各方及时、完整、真实、准确地披露、必须披露的各种信息和资料，任何参与者不得利用内幕信息进行金融活动，监管者应努力营建一个信息透明的投资环境；公平原则，表现为以社会公众为主体的市场参与者在参与金融活动的过程中，机会均等、平等竞争，具有平等的法律地位、均等的交易机会、平等的获取信息的机会、遵循相同的交易规则，各自的合法权益都能得到公平的保障，要求金融监管当局应力求为市场营造公平竞争的氛围，使市场参与者尽可能处在同一起跑线上；公正原则，则要求金融监管当局在公开、公平原则的基础上，对一切被监管对象给予公正待遇，恰当地掌握监管

尺度，既不袒护市场中的违法违规行为，也不凌驾于法律法规之上，做到立法公正、执法公正、仲裁公正。

"三公"原则是金融市场的生命，对"三公"原则矢志不渝，无疑贯穿了龚浩成职业生涯的始终。早在上海创办城市信用社之际，他就考虑到了这个问题。在全国各地银行大张旗鼓自办信用社的态势下，龚浩成却划定了银行不得开办信用社的"红线"。一方面，人行作为主管单位当然不能"近水楼台"开办城市信用社；另一方面，商业银行与城市信用社经营业务相同，区别仅在规模大小，如果商业银行开办城市信用社，很容易造成将"坏账"的责任风险由国家承担、优质资产产生的利润众人分享的不公结局，终会侵害国家利益。龚浩成斩钉截铁反复强调："谁都可以办，就是银行不能办！"

实现不了"三公"原则的市场，即便一时"花好稻好"表面繁荣，但积累的沉疴迟早会从量变引发质变，到头来东窗事发，贻害无穷。舆论哗然的"327"国债事件就是证券市场"积水成渊"的总爆发。龚浩成亲眼目睹了1995年2月23日这个"中国证券史上最黑暗的一天"，也亲历此次事件的后续处置工作，对于"三公"原则的重要性更是感同身受。

前事不忘，后事之师。我国从1992年开始发行国债并推出了国债期货，翌年在通货膨胀居高不下的背景下，政府决定将参照中央银行公布的保值贴补率给予部分国债品种保值补贴，国债收益率开始出现不确定性，国债期货市场的炒作空间变大。时值1994年秋天，群情鼎沸，慷慨激昂，国债保值补贴的题材越炒越猛，行情火爆，成交连创新高。"327"系国债期货合约的代号，对应的标的物为1992年发行1995年6月到期兑现的3年期国库券，该券发行总量240亿元人民币。按照9.5%的票面利率和保值贴现率计算，每100元债券到期应兑付132元，回报率并不算高，然而市场陡现传闻，"327"国债到期将会以148元的本息兑付。消息一出，以讹传讹，正是引爆后续事件的导火索。

执掌万国证券公司总经理的管金生打起了"小九九"：国家正在收紧银根，高层狠抓宏观调控，财政部不会再从国库里额外掏出16亿元来补贴"327"国债，于是率领万国证券"做空"。交易的多方以财政部直属的中国经济开发信托投资公司（简称"中经开"）为首，联合了"中经开"在浙江一带的营业部大客户，而贴息与否正是由财政部确定。

"山雨欲来风满楼。"1995年2月23日，财政部公开发布提高"327"国债利率的公告，100元面值的"327"国债将按148.50元兑付。23日开盘立竿见影，"中经开"主导多方借利好掩杀，"327"国债一路上扬，此时与万国证券联手的空方倒戈，改做多头，"327"国债在1分钟内上涨2元，2分钟上涨了3.77元，下午交易时，价格已上攻到151.98元高位。万国证券持仓高达200万口，"327"国债每上涨1元，万国证券就要赔进十几亿元，势必血本无归，遭到灭顶之灾。万国证券"一不做二不休"，在下午4点22分疯狂开仓做空，先以50万口合约把价位从151.30元压到150元，然后进一步用空单打压到148元，最后收盘以一个730万口合约的巨大卖单，比国债总额还大，震惊整个证券市场！局势危如累卵，当晚上交所召集紧急会议，宣布当日16时22分13秒之后的所有交易均为异常，统统无效。经过此调整，当日国债成交额为5400亿元，当日"327"品种的收盘价为违规前最后签订的一笔交易价格151.30元，也就是说当日收盘前8分钟内空头的所有卖单无效，"327"产品兑付价由会员协议确定。

"327"国债最终的贴现率定格在12.98%，这一数字让全球关注中国国债的经济学家大跌眼镜，美联储的贴息增加最多也仅仅在0.25%而已，而"327"国债贴息率却由1994年的8%一下子提高到14%，整整6个百分点。为了这一巨额贴息，财政部在通货膨胀已经被逐步抑制的前提下，多支出了约16亿元。事件发生后，万国证券公司总经理管金生落寞辞职，上海证券交易所总经理尉文渊也离开了他一手创建的上交所岗位。

尘埃落定，当年9月，龚浩成增补为上海证券交易所理事会常务理事，主持了第二届理事会第三次会议，妥善处理"327"国债风波的后续事宜。会上，龚浩成肯定了尉文渊对上海证券交易所的贡献，但也指出了监管领域里的诸多短板，管理上存在用现货机制管理期货的误区，突出强调了加强金融监管的重要性。

对于当年自己的勇敢尝试，尉文渊在跟他的导师龚浩成交流思想时毫不掩饰自豪感，而对于导致辛苦创建的国债期货市场湮灭的

"327事件"，他也不讳认那份遗憾："作为一种衍生金融产品，它的确给了我们很多经验教训，但是，我们不能因为它而完全抹煞国债期货开办的市场意义。"中国资本市场的建设，可称"摸着石头过河"发展起来，期待市场发展一帆风顺毫无羁绊，这本身就是一厢情愿。只有实践多了，制度的"篱笆墙"才会越扎越紧实，即使以中国商品期货市场发展为例，其过程也是历经了诸多风波之后才逐步壮大起来的，同样"327事件"引发的经验教训也成就了中国期货市场重视风险管理的开端。

"327"国债风波被永远记录在中国证券发展史册里，从中得出的沉痛教训，既暴露出市场条件不成熟与监管缺漏，也印证了"三公"原则的重要性，只有贯彻公开、公平、公正，才能促进金融市场长治久安，稳步向前。当前，我国证券期货市场业已形成统一的法规与监管体系，交易所的布局趋向合理，风险监控制度与技术日臻完善，现货市场的基础更为牢固，完全有能力防范与杜绝类似"327"国债事件故态复萌。

[龚浩成金融断想录]

"金融活，经济活；金融稳，经济稳"，金融环境建设是一个复杂而宽泛的命题。金融环境意谓一个国家在一定的金融体制和制度下，影响经济主体活动的各种要素的集合，既体现在外部的社会信用体系、政府的调控机制、法律法规的完善，也体现在内部各种管理机制的整合提升。构建良好的金融生态环境，有助于营造良好的经济发展环境以及和谐统一的社会经济生活，降低金融风险，维护金融和社会稳定，推进促进经济与金融良性互动发展。

世纪之交，龚浩成回顾了中国20年的金融改革历程，合作主编《2000中国金融发展报告》，其中介绍了中国经济发展中金融深化改革的状况并展望了未来的发展。此前的金融改革表现为三个层次的动态发展：金融规模不断扩大，金融工具、金融机构各自结构的不断优化发展，金融市场机制或市场秩序的逐步健全，而市场机制、市场秩序的健全与建设良好的金融环境密不可分。

社会主义市场经济作为我国经济体制改革的目标，其中市场机制的建立和健全，无疑是最为关键的部分。而在金融深化的过程中，市场机制的建立和健全也关系到这种深化过程是否合理、能否持续等问题。如果说金融增长与金融发展是金融深化中"量"的变化，那么金融体系中市场机制的建立和健全便是金融深化中"质"的变化。

龚浩成认为，在资金融通过程中，金融市场机制包含各种市场因素，如利率、供求、竞争、收益等机制之间，互为因果、相互制约、各自发挥功能又共同发挥功能的联系和作用。金融市场的正常运转以及金融深化的合理发展都依赖于金融市场机制的建立和健全。他从四个方面作了剖析：

首先，金融市场价格利率机制是金融体系的主导机制，表现为竞争过程中利率变动与资金供求之间相互联系、相互制约和相互作用的方式。在市场经济条件下，利率是由金融市场的供求关系决定的，同时它作为资金商品的价格，发挥着金融资源配置、传递资金供求信息、诱导和约束储蓄投资主体行为及调节社会总供求的功能。金融自由化所主张的利率自由化正是希望利率有效发挥这些功能。随着改革的深入推进，我国将利率市场化提上了议事日程。然而，除了同业拆借利率由同业市场供求关系决定外，利率问题仍然是在传统体制的"政府决定、直接调控、集权指令"的框架内，"戴着镣铐跳舞"，始终没有触及利率供求决定、间接调控、自主决策等市场化的核心问题。因此，我国现有的利率体制难以有效发挥优化金融资源配置和调节社会总供求等功能。

其次，金融供求机制是金融体系的最基本机制，其他机制如竞争机制、利率机制和风险机制都必须通过供求机制形成并具体发挥功能。在现实资金融通过程中，供求机制是通过资金供给和需求关系的不断变动而实现的，供求机制可以理解为供求双方矛盾运动的平衡机制，发挥调节整个金融市场正常运转的作用。而我国金融体系中的供求关系由于产权问题的障碍，越来越表现出约束弱化和不平衡的趋势。原有的资金供求主体均为国有经济，由国有商业银行向国有企业发放贷款。由于两者产权均属国有，其资金供求约束难以硬化，而政府的直接干预又使这种弱化的资金供求关系长期维持着。此外，非国有经济的迅速发展，在国民经济中的贡献日趋增强，但国有金融产权安排使得它们难以得到足够的外源融资，这种资金供求的不平衡日益凸现，亟待解决。

再次，金融竞争机制是金融体系的基本机制之一，它与其他机制是相辅相成的伴生关系，从而构成一个完整的金融市场机制运行系统。竞争机制具有优胜劣汰、适者生存的特点，能够激励市场参与者最大限度地发挥主动性和创造性，以确保在竞争中生存与发展。很长一段时期，我国大部分金融市场参与者由于受传统体制的影响，竞争意识不足，所谓的竞争也是比较低效的粗放式竞争。"工农中建"四大国有商业银行成为寡头垄断主体，竞争程度较低，股份制商业银行虽然有了长足发展，但没有对国有商业银行的垄断地位形成真正的挑战。

最后，金融风险、收益机制是金融体系中极为重要的市场机制。风险机制堪称市场主体行为同盈利、亏损和破产之间的相互关系和作用，又可分为风险补偿机制和风险平衡机制。收益机制代表收入与利率、风险之间的相互联系与作用方式，金融体系运转的最大动力就是收益机制。应该说，风险与收益机制分别是金融参与主体的约束和激励机制。考察我国现有的金融体系，可以认为，我国尚未建立有效的风险与收益机制。由于现代企业制度没有在企业和银行中真正建立，企业经营机制和银行营运机制因此难以市场化和规范化，同时过于刚性的行政干预破坏了金融体系运转的内在肌理，金融参与主体对未来的收益风险无法进行正确的预测，反而增加了金融体系的风险。例如，从我国股票市场来看，其固有的资源配置、结构调整和机制转化等功能未充分显现，而是在很大程度上成为投机盛行和支持地方投资膨胀的场所。

龚浩成总结，金融市场机制的建立已明显落后于经济其他部分，如商品市场、要素市场，这些市场的价格机制已基本建立。因而，强化金融市场机制，并有序推进金融市场化改革是推进我国金融进一步深化的关键。

"工欲善其事，必先利其器。"利率市场化已成为市场深化和金融深化的客观要求和发展趋势。随着我国价格、汇率双轨制的取消，市场化的实现，以及其他金融体制改革的逐步推进，我国利率市场化的步伐明显滞后。然而，要实现利率市场化必须具备一定的先决条件，即宏观经济条件的稳定和具有稳定合理的价格水平、对存款货币银行要有充分的谨慎性条款和监管措施、市场参与者具有利润最大化的竞争行为和竞争理性。后一点是重要的微观基础条件，虽然利率市场化现在已经具有宏观经济基础，但我国目前还不具备这一微观条件，特别是公有制企业的竞争意识、市场意识比较薄弱。

在这种背景条件下，不宜过快实行利率市场化。在逐步放松对利率管制的同时，应在公有经济中广泛建立现代企业制度，塑造与激励机制和行为约束机制相称的市场参与主体。除此之外，应当注重市场其他内在机制的培育。一方面，建立信用关系，健全信用制度，强化契约机制，以形成真正规范的信用交易关系；另一方面，完善金融立法，规范市场化进入和退出机制，提高市场参与主体的经营效率和风险自我约束意识。"练内功，增内力"，这些市场内在机制的建立，也是充分发挥市场机制在金融资源配置中的主导作用所必需的。

我国金融深化中所表现出的市场机制不健全，也是由于受外部刚性的直接计划调控和行政干预以及落后的法律、法规等外部环境的制约，为此，要将宏观金融调控由直接调控转为间接调控，减少对金融市场的直接干预；同时，对金融市场的管理应由行政管理转向法规和制度化管理，加快立法和制度建设步伐，使金融市场机制拥有一个规范化、有序化和制度化的外部环境。

这些年来，上海金融市场有了较快的发展，即使在治理整顿期间，金融市场也并非踟蹰不前，而是在国家计划指导下加强管理稳步推进。这是因为稳定货币、改善金融秩序的本身需要市场去调节，而完善金融市场，又是重建金融秩序的一项重要内容。同时资金的供求在时间、空间、数量上从来就是不一致的，这就需要发挥市场的调节作用，充分利用时间差、地区差和行际差，适时引导，组织分配，调动各方面的资金，把握"轻重缓急"满足需求，更好地提高资金使用效益，搞活金融市场，促进经济发展。

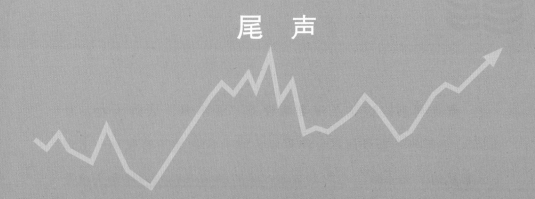

尾 声

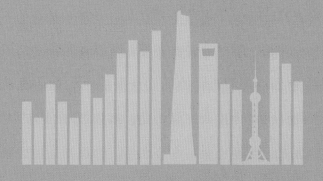

气氛庄重肃穆的告别仪式上，龚浩成的儿子龚仰树教授动情地追忆："在我们几个儿子眼中，父亲是中国传统意义上的严父。一方面，他就像是一座灯塔，对我们及孙辈的教育，不需要更多的言语，只有一种潜移默化的榜样和引导；另一方面，他对我们也慈爱有加，在生活诸方面尽力做到最好。在我母亲心里，父亲是一棵大树。母亲依恋这棵大树，几十年相濡以沫，共同持家，呵护着我们兄弟的成长。"

谁能想到，这位上海金融改革"活字典"式的人物，自1980年起就一直居住在上海财经大学分配的教工宿舍——上海人常说的"老、破、小"的典型。走近这栋老楼，外墙面上满是爬山虎，老公房没有安装电梯，得一步一步攀爬至四楼。迈进家门那一刻，几乎所有访客都会被家里朴素至简的陈设所震惊，室内装修几乎还是原始的模样，甚至连一个正规的客厅都没有。铁锈斑驳的钢窗木门，破旧不堪的手打家具，书架上塞满了各种书籍，排满整整一堵墙，那对已经被坐得松弛下垂的沙发，不管你是什么级别的官员、身家几何的商人或者肚中有多少墨水的学士，一律平等相待。尤为惹人注目的是，两张20世纪50年代老式课桌拼成的方桌，兼顾吃饭、办公之用，然而就是在这张方桌上，龚浩成悉心描绘出一张张申城金融业未来发展的规划和蓝图。一位证券公司的高管气喘吁吁拾阶而上拜访龚浩成，看到眼前的景象，不由得惊掉了下巴："我们搞证券的人，即便是一个部门经理，会住在像龚行长这样的房子里面吗？"身为了不起的金融改革

自1980年起，龚浩成就一直居住在上海财经大学分配的教工宿舍

者，他却从来也想不起革新自己的生活方式。

如果说金融改革是申城风兴云蒸的一道亮丽风景线，那么，龚浩成就是这道风景线上最耀眼的黄金点。"清且俭，温而恭，雅士也。"龚浩成虽然已经与世长辞快三年了，可街坊四邻仿佛依旧看到一位穿者泛黄外套的长者独自攀行楼上楼下的身影，透过他家的窗户，似乎还能瞥见老人在读书阅报看电视，不停歇地吸收新鲜养分，保持着俯视人生、洞察世态的优雅与潇洒……

"相约星期六"口述改革风云启迪后来者

"龚老师教书时有一个特点，就是坚持真理，敢于突破僵化的观念束缚，喜欢讲最新的问题。"龚浩成当年的学生们回忆起来，总是对他的教学赞不绝口。早在20世纪80年代初期，龚浩成在学校教授货币银行学，当时中央突破了把计划经济同商品经济对立起来的传统观念，明确提出了在公有制基础上有计划的商品经济的概念，他认为搞商品经济乃至市场经济，资本市场是绕不开的话题，便广泛搜集资料详细讲解资本市场的理论和现状，这般"大胆"授课在当时还是有一定政治风险的，却给学子们带来了金融百科的"饕餮盛宴"。龚浩成时常自嘲："我上课是有些'歪门邪道'的。当时其他老师都反对啊，他们认为上课就应该按教学大纲嘛，怎么可以讲这些呢？"然而，正是由于他"百无禁忌"的知识传播，那批听着"歪门邪道"课程长大的学子们，后来都相继成为沪上各大金融机构的"顶梁柱"，发挥着无出其右的作用。

"松柏长春茂，桃李自成蹊。"从学者到政府官员，无论在上海财经大学任职，还是在人行上海市分行的领导岗位上，龚浩成始终与母校保持密切联系，长期指导带教研究生，诲人不倦，不改本色，培养出一大批优秀人才，后来大多成为金融界的砥柱中流。"从大学时的第一讲一直到研究生阶段，龚行长对学生、对晚辈都特别宽怀，而且作为有远见的长者，他对我们的影响和启发都十分深远。例如他上课的时候不仅像其他老师讲书本上的知识，还从实践中归纳和总结经济理论，最重要的是，他让我们在听课中感受到中国、上海在经济改革和金融改革中所当务之急要做的工作。龚老师从师长的角度不仅传授了知识，而且告诉我们从做学问到进入社会后应该向什么方向发展。在学生时代，他就给我们描绘了这样一个前景，这对我们一代人影响至深。"学生们充满感念地评价龚浩成。到龚浩成功遂身退之际，已然桃李满天下，为金融行业注入了新鲜血液。

龚浩成儒雅和蔼，又不失几分幽默。或许因为勤于思考的缘故，每天关注新闻时事与金融动态，年逾九旬依然思路清晰，耳闻则诵，记忆力令人惊叹，并且思路和学生之间的交流聊天，不出三句话就又聊起了金融业务，从特朗普到贸易战超前，从陆家嘴论坛到科创板，时令话题均有涉猎，侃侃而谈，对国内外重要的金融数据更是信手拈来，如数家珍。他也会抽闲阅读学生送来的新书，说是"要与时俱进，接受新事物，从后辈身上取长补短"。

历史是记忆的产物，历史得到建构的过程，即人类记忆得到刻写的过程。历史记忆有多牢固，开创未来就有多大动力。对于金融史料的抢救工作，龚浩成不仅举双手赞成，而且不顾年事已高，躬身投入口述历史工作，将往昔参与金融改革的经历及经验留存下来，每次讲述总是激情澎湃，毫无倦意。2010年7月，骄阳似火，在时任上海市金融服务办公室副主任范永进的具体策划下，龚浩成开启记忆的闸门，为上海金融文化促进中心口述金融改革往事。每到周末，他总要同编写小组"相约星期六"，口若悬河开讲三个小时，虽然没有提纲，但条理分明，思路清晰，一气呵成，令采访者深受教益。据说那时中国经济体制改革研究会副会长迟福林也派人抵沪采访，不巧龚浩成正住院治疗，可他一出院就将人请进家里录音录像，整整忙乎了三个半天。

　　之后，中央电视台"中国资本市场20年"摄制组来上海拍摄，头一个点名就要采访龚浩成，地点照例安排在他的老屋子里。于是乎，"螺蛳壳里做道场"，一位受访者、一位采访者、一位摄影师，再加上必需的采访设备，瞬间把简陋质朴的客厅撑满了，其余人员只好站在客厅门外。多次采访龚浩成的一位记者回忆："因为家具和摆设都很陈旧，正式录制前还特意做了一些整理。采访过程中，客厅门一直关着，将近两个小时后，守在外面的人担心龚行长体力不支，便商量着要不要歇一阵，但谁也不敢贸然敲门。又过了半个多小时，龚行长的老伴坐不住了，说龚行长习惯性地从早上四五点开始写作和办公，

　　2010年夏，龚浩成分四次向《上海金融改革往事》编委会人员口述上海金融改革往事。左起：沈惠民、范永进、龚浩成、李济生、浦亮

　　平时这个点应该吃完午饭午休了。犹豫再三，还是推门进去请龚行长喝口茶暂停片刻，不过被他婉拒了。事后摄制组说，龚行长的思维非常清楚，讲起来异常兴奋，采访相当顺利，而好多往事就随着龚行长的口述在摄像机前定格，在荧屏上得以再现。"摄制组一行无不深深地为龚浩成的人格魅力所吸引，他的豁达潇洒，平易近人，甚至还略带几分豪气，都让人印象深刻，感慨系之。

　　在范永进的主持推动下，《上海金融改革往事》一书的口述和整理工作非常顺利。这都归功于龚浩成有着超凡的精力和记忆力，对涉及的历史事件和人物把握得准确、全面，对述说形成的文字稿也严加把关。他慎始敬终地紧跟文稿整理修订的全过程，当编写组将几经修

尾　声

　　2017年10月，为迎接改革开放40周年，龚浩成（中）为范永进（左）、沈惠民（右）等人讲述上海金融改革往事

订后的样稿交给他审定，他逐字逐句地予以修改，个别页面甚至补充了多达上千字的内容，唯恐编辑看不清楚，他还特意贴了一张纸条，工工整整地把补充的内容重新誊写一遍。遇有尚待考证的细节，他态度谦虚地提请编写组进一步查证，每出一稿样书，他都全神贯注地审阅，直到交付印刷之际他才如释重负，面露欣喜："我没有发现问题了！"如此一丝不苟、精益求精的严谨治学态度，常使范永进和他的团队内心感受到极大的震撼。

　　金融历史、金融理论、金融实践三者之间是一种彼此促进、相得益彰的关系。搞研究、做学问，最重要的是认真学习并善于运用辩证唯物史观的基本原理，然后是掌握大量有价值的第一手史料，透彻了解历史事件、人物、机构等相关问题。"我们当时搞研究，写文章，完成后要请25位专家审读，须有15位以上的专家认可了，才敢拿出去发表啊。"年高德劭的龚浩成深有感触。

"会当凌绝顶，一览众山小。"龚浩成亲眼见证了申城百年金融的沧桑变迁，"博学之，审问之，慎思之，明辨之，笃行之"，对于当下如何建设上海国际金融中心有着自己的独特见解。1997年东南亚金融危机爆发，对东南亚国家以及韩国和中国香港都造成很大冲击。当时许多人对上海是否还能建设国际化的金融中心感到忧虑和迷茫。这时，龚浩成揭竿而起，"反弹琵琶"，会同金融界元老洪葭管领衔起草了《关于制定小陆家嘴"先繁荣"方针的建议》，提出1.7平方公里的浦东小陆家嘴应该像纽约华尔街、伦敦金融城、香港中环那样，成为金融聚集区，以此为上海金融中心的建设创造条件。这一提案可谓立竿见影，不久，不少金融机构上海总部纷纷"落户"小陆家嘴，经年累月已逐步建成上海建设国际金融中心的核心承载区域，这与当初龚浩成等人的政策建议密不可分。

退居二线后，龚浩成接受过好多家学术团体顾问的聘任，可他绝非虚应故事，而是郑重其事，既"顾"又"问"。听其口述，读其论文，格局博大，考索谨严，又写得如一泓清水，仿若听他沉稳地娓娓道来，引领读者从容踏进百年金融风云和改革创新领地里"闲庭信步"。

泰山压顶浑不怕，顶多满头白发

长期在上海市政府外资委、证管办、重组办、金融办等经济金融管理部门工作，后来出任爱建集团股份有限公司党委书记、监事会主席的范永进，同龚浩成称得上是"忘年交"，他以龚浩成为榜样投身金融改革大潮，在一次座谈会上他满怀敬佩地说道："在为官立功方面，龚行长是在为人民、为国家立功，他有深厚的家国情怀，有开创性的功力，有承担责任的胆识，而这些恰恰是我们现在改革到深水区所需要的。"他感慨："没有这些改革的拓荒者、先行者、奉献者所做出的努力，现在中国能发生如此翻天覆地的变化简直是难以想象的。这些前辈们从来没有想过'人民币'的事情，都是脚踏实地、一心一意为人民服务的。可是现在社会节奏太快，人心也变得浮躁，有人过多纠缠于工资待遇问题，却很少讲求奉献，面对前辈们，应该做些反省。"

讲原则，重清廉，龚浩成在沪上金融界是出了名的。不论是他的同事还是学生下属，都知道他有着一条铁定的原则——"处理公事就往单位跑"。龚浩成解释："公事往家里跑，容易造成腐败。"在金融改革惊涛拍岸的年代里，肩负重任的龚浩成手里的权力不可谓不大，他的工作之繁忙和紧张程度可想而知，然而外界有再多的诱惑，都被挡在了家门之外。在他的家庭生活里，每一天的日子平平淡淡，即使在工作"忙到恨不得脚也捎起来"的关头，哪怕加班到很晚，他也坚持回家吃饭，从不把压力和烦躁情绪传递回家。那时，人行金融管理处大权在握"朝南坐"，所有的金融机构的准入、业务品种的审批、机构负责人的审批都在金管处，龚浩成谆谆告诫部属："你们有审批权的同志要廉洁自律，凡是股票、债券这些业务都不允许碰，要严格按规定执行。"

"你给我200块钱，我要打车回家，我已经93岁了，不要给党和国家添麻烦，医院的床位、医生、药品资源都很紧张……"这是龚浩成最后一次住院时常对儿子说的话。即使在生命的弥留之际，他最先想到的依旧不是自己。龚浩成常说"日子过得普普通通无妨，但不会去做出格的事、不合规的事"，真正做到了教养、学养和精神涵养一脉相承，家风、学风与处事作风一以贯之。

鲜花，掌声，奖章，镜头……面对金融改革推进过程中获得的诸多成就，龚浩成则抱以谦退自守的态度。他常说："金融改革不是人民银行一个单位能完成的，除了人行本身，还有各家商业银行，包括工农中建交邮储，以及上海爱建、上国投等金融机构都共同参与。"他强调："实际上成果不是我一个人做的，很多工作是人民银行同志们共同努力的成果。一些同志埋头于大量日常性、事务性的工作，使我们能够腾出精力放到解决处理金融改革的疑难杂症上。"在回忆口述岁月往事的时候，他反复慨叹："因为时间相隔比较长了，可能会忘掉了一些事情，没有能够更准确、完整地反映所有参与金融改革的同志们的努力。"

压力不怕，攻坚不怕，顶多满头白发。改革是一条布满荆棘的艰辛道路，龚浩成承担着地方金融与中央沟通的桥梁，他敢于承担责任，敢于据理力争，为争取改革政策地方试点的审核批准发挥了重要的纽带作用。"不要先说不行，要想一想怎么才能行"，这是龚浩成时常挂在嘴边的一句话。曾经担任上海申华实业股份有限公司董事长瞿建国，对于龚浩成鼎力相助企业发展始终铭记在心。作为"老八股"中唯一一只由民营企业发行的股票，申华实业于1987年3月17日正式由经管处批准发行，有效期为三个月。令人始料未及的是，不久后主管部门出台文件，由于国库券未能完成发行计划，各地的证券融资都要"踩刹车"。这一停，可能要等上大半年，申华实业发行股票的计划很可能就此搁浅。真是急煞人！遭遇这一棘手问题，龚浩成仔仔细细听了瞿建国一个小时的汇报，了解到整个发行额不过一百万元，为了将企业的股份制改革进行到底，当场表态："一百万不至于影响国库券的发行，这个事情我来协调。"翌日，龚浩成召集四大银行办公会议，果断拍板，终于使得申华实业的股票"起死回生"顺利发行。瞿建国事后有感而发："这件事是十分了不得的，可以说是顶着有关方面的规定去做，其中承担的责任和压力可想而知。但为了股份制的试点，为了金融的改革，龚行长完全没有顾虑个人得失。"

无独有偶，创业伊始的万国证券属于股份制证券公司，既无人民银行"血统"，也不是商业银行出资设立，与众多证券机构不同，"身世"有点尴尬，所以审批设立之路可谓一"批"三折。龚浩成着眼于迅速打开沪上证券市场的局面，强调按市场原则办金融，在坚持监管者与经营者的角色互不"越位"的同时，采取因时制宜的灵变方案，"退一步，进两步"，向有关部门力陈己见，铺平政策道路确保万国证券顺利获批，终使万国证券成为申城第一家对外开展业务的证券公司。"没有龚行长做改革的设计师，也就没有后来的万国证券。"当年率先投身证券业的探路者对龚浩成有口皆碑。

龚浩成为申城银行业体制改革布局谋篇时，着手建立会计核算办法，未料遇到会计语言使用问题，现在听起来仿佛"天方夜谭"。原来"文化大革命"时期有人说借方贷方是资本主义的，要将它统统革故鼎新。会计本来就属"舶来品"，最早由经济学家、会计学家顾准引进。"上收下付"为中国的传统做法，叫做收付实现制，也就是国际上通行的"借方"变成"收方"，"贷方"变成"付方"。"文化大革命"结束后，没有人提出要改变现状。交通银行恢复开业时拟定会计制度，是用老规矩还是国际上通行的办法？修订办法的老法师提出要不要改回去，倘若"拨乱反正"，将来出现政治责任啥人来负？龚浩成胸脯一拍说："责任我来负，我不怕。中央提出要走向国际，会计语言是国际性的，如果不改，跟海外进入机构合作发行债券，人家看不懂，岂不闹笑话吗？"

直面金融改革，龚浩成信奉公开、公平、公正的"三公"原则，"裁判员"和"运动员"不能同场竞技；倡导金融创新，他坚持法规先行，"稳健"时时二字放在心头；化解金融风险，他既查"硬伤"，更补"软肋"，强化标本兼治；置身金融实践，他无时不刻地在思考构建符合中国特色社会主义道路的金融理论，在业界留下了"北有吴市场，南有龚证券"之美誉。

不过，退休二十多年的龚浩成心里还留有一个遗憾，他表示，有两个市场是他当年一直想做却始终没有建起来的——一个是贴现市场，另一个就是离岸市场。"这两个市场没能做成，实在是太可惜了！"

念念不忘，情随事迁，回首往事，五味杂陈，龚浩成从来不用沉重或消极的口吻渲染遇到的困难和压力，只是风轻云淡地客观叙述，甚至一笑带过。他给那段岁月定下的基调是——激情岁月，那是斗志昂扬、思想解放的年代，也是热血沸腾、大干快上的年代，更是孕育希望、成就梦想的年代，似乎无论碰到怎样的艰难险阻，都是理所应当要去破釜沉舟攻克下来的。"坐而论道，不如起而行之"，正是因为他和那一代金融开拓者无所畏惧地摧城拔寨、排除万难，才有了今天上海金融市场生龙活虎的繁荣局面。

"破圈""出海"助力国际金融中心建设新征程

阳春布德泽，万物生光辉。改革开放以来，上海作为国内的经济、金融、航运和贸易中心，立足改革先行者和排头兵的角色定位，"满血复活"，率先在经济金融领域开展一系列创新变革。1992年，党的十四大提出建设上海国际金融中心；2009年，国务院正式出台关于推进上海建设国际金融和航运中心的意见，确立了上海国际金融中心的国家战略定位。"学而从政，政有学风"的龚浩成视野广阔，纲举目张，注重调查研究，"秉轴持钧谋长远"，善于将理论成果融入改革实践之中，多年来，上海依托国家战略、服务国家战略，在金融市场、机构集聚、对外开放和金融发展环境等领域，积极探索，锐意变革，取得丰硕成果，迎来"高光时刻"，金融业总量快速增长，要素市场更加齐全，金融服务功能逐步完善，作为金融中心的国际影响力大大提升。

昔时"南风东渐"，上海如何发挥金融行业的优势赶超广东，成为摆在龚浩成面前的一道思考题。汪道涵市长就建议市政府调研小组去找龚浩成讨教："他是大学教授，有一套，就看你们能不能跟他谈到一起去。"调研小组的同志坐在龚浩成的行长办公室，听他侃侃而谈，没想到这位看似"老学究"的改革意识相当前卫，思路完全与国际接轨，当即抛出了三个观点，即坚定不移地建设银行体系，坚定不移地构筑信用制度，坚定不移地打造金融市场。这"三个坚定不移"，无疑成了一段时期上海重塑金融中心地位的目标指引。

范永进担任上海市金融服务办公室副主任时，经常参加市里的大型金融活动，他忆起无论是江泽民还是朱镕基在上海主政期间，金融方面的问题都是听取中国人民银行的意见，因此，龚浩成的建言很受重视。对于培养和提携金融中间力量，龚浩成不做"甩手掌柜"，而是言传身教，大胆放手，曾有年轻干部接到任务后问龚浩成："人有吗？钱有吗？"龚浩成直言："都没有，就给一个牌照，鼓励你们年轻人自己到市场上去闯。"他还十分注重发挥副手的作用，时常甘居幕后，为他们施展才能、脱颖而出搭建平台，诸如罗时林、周芝石、王华庆等人在他的扶植下都很快独当一面，而尉文渊这样的年轻人也委以筹建上海证券交易所的重任。范永进称赞："领导并不因为出场少，亮相少，或者说让出一些机会，大家就会忘记你，有时候该退就退，反而显示了你的豁达大度、宽以待人。龚行长的确有大将风范，不靠亲力亲为，而是把握底线方向和原则。这同他领导全局的智慧以及为人正直的品行是密不可分的。"

"为中国人民谋幸福，为中华民族谋复兴"，这个初心和使命是激励中国共产党人不断前进的根本动力，也是龚浩成毕生的信念与追求。曾几何时，老百姓走进银行，并没有太多的选择，看来看去，只有活期储蓄、定期储蓄、定活两便、零存整取"四大金刚"。如天公造物般神奇，"春风吻上金融的脸"，也就是十几年的工夫，市民的金融理财生活出现了翻天覆地的变化：第一张信用卡"刷"新了现代衣食住行的便捷方式，第一台ATM（自动柜员机）"吐"出了财富的神奇和效率，第一笔按揭住房贷款圆了上海人的安居梦，第一单个人外汇买卖实现了币种之间的灵活转换，第一个证券交易柜台开启了中国资本市场新纪元……还有债券、基金、信托、保险、贵金属、个人支票、私人银行等金融新品风风火火地闯进市民日常生活，互联网的疾速发展，更是延展了人们投资理财的时空。无疑，金融生活的丰富与便利，更好顺应了人民对美好生活的向往，使百姓分享发展红利，感受生活幸福，迸发创造伟力。

"不能急！"龚浩成曾多次强调，建设金融中心并非一蹴而就，"放开要慎之又慎，不要重蹈别人的覆辙"，中国的虚拟资本发展道路不能照搬美国。他举例说，1985年到2000年，道琼斯指数从1500点涨到12000点，涨了8倍。而同时期美国的GDP扩张到2倍。格林斯潘称之为"非理性繁荣"，导致了2000年纳斯达克的崩盘，以及2008年更大规模的金融危机。他语重心长地告诫，中国要切切实实搞实体经济，不能把金融市场建成"飞地"，而须服务于实体经济。

尽管这些年来国内外经济金融形势横峰侧岭、重岩叠嶂，但是"每一朵乌云都镶着金边"，国际金融市场格局持续调整，新兴市场国家地位逐步提升，中国经济进入新常态，对外开放迈入新阶段，利率市场化、人民币国际化等多项金融改革创新"硬核"持续加速推进。面对快速变化的环境，上海坚持以变应变，主动作为，加速"破圈"，频频"出海"，朝着真正建成国际金融中心的宏伟目标持续迈进。

潜力发掘不停，建设从未止步，规模体量的扩容，当然是上海国际金融中心立足世界的基础，然而更大的金融动能，并不藏在陆家嘴看得见的高楼大厦之中，而是建在无形的突破创新之上。诚如临港推进的国际金融资产交易平台建设，即将打开未来上海乃至中国金融的想象空间。伴随着这些有形无形的发展，伴随着国际金融机构的"用脚投票"，如今的上海已基本建成与我国经济实力以及人民币国际地位相适应的国际金融中心。十年来，至2022年末，上海金融市场交易总额已从528万亿元增长到2511万亿元，数字提升了近4倍；金融业增加值达到7973亿元，占当年全市GDP比重18.5%，这一占比已接近纽约；上海证券交易所股票市场规模达到49万亿元，十年来增长近2倍，从全球第七位跃居第三，筹资额与交易量位居全球前列；上市公司突破2000家，一大批国民经济支柱企业和战略性新兴企业通过上市做大做强；债券市场托管量15.7万亿元，累计融资33.6万亿元，成为全球最大的交易所债券市场……一笔笔真金白银的交易，一组组快速变化的数字，正是申城金融业"策马扬鞭"提质提效的最佳注脚。

斯人已逝，其志长存，人们永远也不会忘记龚浩成和一批金融改革先行者为推进金融业改革付出的心血和汗水，他们用智慧和胆识托起城市金融底座。从"沪港通"到"债券通""沪伦通"，从"上海金"到"上海油""上海铜"，从"科创板"到普惠金融、绿色金融，从浦东开发开放到全国首个自贸试验区，上海这座曾经的"远东金融中心"焕发新生，市场格局日臻完善，核心功能持续增强，改革开放"拓荒牛"继续承担着"先行者""排头兵"的使命，如今已跃然成为全球最重要的经济金融中心之一。穿透时间的重重迷障，在疾速飞驰的变迁中潜下心来追溯往昔，于历史与现实的交替中近瞻金融业先辈"曾缚苍龙开伟业，又乘骏马续长征"的豪情壮举，从他们的经历与思想中汲取宝贵的精神财富，有助于新一代金融中心建设者继往开来，砥砺前行。

可以告慰龚浩成的是，东海之滨、浦江之畔已经确立国际金融中心建设的长期目标，到2035年，上海要基本建成引领亚洲辐射全球、以开放的现代化金融市场体系为核心、以全球人民币资产配置中心为标志、与纽约和伦敦并驾齐驱的顶级全球金融中心。展望未来，申城正按照中央的部署，坐拥"天时、地利、人和"的有利条件，秉承"开放、创新、包容"的城市品格，聚焦打造国内大循环的中心节点和国内国际双循环的战略链接。金融作为上海的城市核心功能，在迎来更多发展机遇的同时，必将承担更多的责任与使命。

居高声自远，非是藉秋风。历史将永远铭记龚浩成，一位既内敛又激情、既严谨又活跃、既传统又新派的金融改革开路先锋。

附 录

龚浩成大事记

1927年	出生于江苏省常州市武进县
1947年至1951年	考入并就读国立上海商学院（上海财经大学的前身）银行系，系统学习西方经济学与马克思政治经济学
1951年	本科毕业并留校任教
1952年至1955年	在中国人民大学货币教研室攻读研究生
1955年至1958年	研究生毕业回到上海财经学院（上海财经大学前身），担任助教、讲师，讲授货币流通与信用
1958年至1968年	上海社会科学院经济研究所，先后担任所党总支秘书和学术组负责人
1962年至1963年	借调宝山县蕰溪公社桃园大队任大队支部书记一年，其间被华东局农委借调赴江苏常熟白茆公社 调查人民公社情况
1964年至1966年	金山廊下公社友好大队任工作组副组长，松江泗联公社任工作队副队长，从点到面开展四清

1968年	上海社科院撤销后，至奉贤奉城的市五七干校，继续参加"斗、批、改"
1969年至1975年	在黑龙江呼玛县插队锻炼
1976年	从黑龙江调回上海，任上海市五七干校理论教员
1977年至1978年	借调到上海文汇报社任编辑
1978年	上海财经学院恢复招生，调回上海财经学院，并在教学中尝试向学生介绍资本市场的理论和现状；后任上海财经学院财政金融系党总支书记兼系副主任
1981年前后	晋升为副教授，不久即被选派去美国华盛顿参加世界银行经济发展学院为中国举办的"项目贷款"管理培训班，为期一个月，由财政部组团
1982年	任上海财经学院党委委员、副院长，分管团委、学生、基建、后勤等方面工作
1984年秋	担任中国人民银行上海市分行副行长、国家外汇管理局上海市分局副局长
1985年	赴香港访问，确定交通银行在上海恢复营业
1986年	晋升为研究员
1986年	推动建立上海外商投资企业外汇调剂中心
1986年11月	随中国人民银行干部培训小组前往日本野村证券公司考察学习证券业务，回国后在《上海金融》上连续发表六篇介绍日本证券市场的文章
1986年至1987年	作为中国人民银行代表参与交通银行的组建工作
1987年	担任中国人民银行上海市分行行长、国家外汇管理局上海市分局局长；推动建立上海银行间同业拆借市场

1988年	被推选为上海市第九届人民代表大会代表，任国民经济和社会发展计划预决算审查委员会委员，直到1992年初退居二线
1988年9月	陪同上海市黄菊副市长接待日本三和银行代表团
1989年	主张引入外资银行并参与引入外资银行的进程；会见国际货币基金组织总裁康德苏
1989年	作为"三人小组"成员之一参与筹建上海证券交易所
1989年3月	参加交通银行发展战略研讨会
1990年	发表《上海十年金融改革》，回顾了上海十年金融体制改革取得的进展； 与朱德林、刘波合著的《社会主义金融论》一书出版
1990年6月	访问日本，会见大和银行行长，并在大阪市立大阪大学作中国金融改革演讲
1990年11月	随黄菊副市长赴加拿大、美国考察访问
1990年12月19日	主持上海证券交易所揭牌仪式
1991年	推动引入友邦、美亚等外资保险公司
1991年12月	出席日本东京银行上海市分行开业典礼并剪彩
1992年	被聘为中共上海市委咨询委员、上海市仲裁委员会委员
1992年	担任上海证券交易所常务理事、代理理事长； 发表《上海证券市场的回顾与展望》，回顾了上海证券市场的三个发展阶段，并就证券业发展中的一些具体问题发表了看法

1993年	发表《专业银行向商业银行转化中若干问题的思考》，就建立和完善中央银行为领导、国有商业银行为主体、多种金融机构分工协作的金融组织体系发表了意见；发表《上海形成金融中心的思考——金融改革的现状与发展》，在充分肯定上海金融改革开放成就的基础上，结合社会主义市场经济体制的要求，就上海形成金融中心问题提出了思考
1994年	担任上海证券期货学院院长
1995年5月	出席中国社会保障与保险论坛开幕式
1995年秋	从中国人民银行上海市分行退休
1997年	与戴国强等合著的《金融是现代经济的核心》一书出版
1998年	赴墨西哥城参加中墨企业家第八次会议并发言
1999年	在友邦保险公司上海分公司–韩国汉城99高峰会议发言
1999年4月	在上海证券交易所第六次会员大会上发言
2000年10月	出席中华资信评估联席会第八次会议
2000年	与戴国强合编的《2000中国金融发展报告》一书出版
2001年	与金德环合编的《上海证券市场十年》一书出版；编著的《加入WTO与中国金融市场》一书出版
2001年至2003年	任中国东方航空股份有限公司独立董事
2001年至2010年	任富国基金管理有限公司独立董事
2002年至2005年	任国泰基金管理有限公司独立董事
2006年	主持上海市保险同业公会召开上海市第六届优秀保险营销员（代理人）评审工作会议

2008年	接受《上海金融报》采访，回忆上海金融改革往事
2009年	接受《青年报》采访，回忆了筹建上海外汇调剂中心和上海证券交易所的往事； 发表《上交所成立始末》，回忆了当年上海证券交易所成立时的一些重要往事； 发表《友邦保险进入上海保险市场始末》，回忆了90年代初保险业对外开放的往事
2010年	接受中央电视台《中国资本市场20年》摄制组采访； 接受大型财经纪录片《财富与梦想——中国股市 1990—2010》摄制组采访； 担任上海浦东国际金融学会会长； 主持2010年上海浦东国际金融学会课题组课题《小额贷款公司的现状、问题及对策》
2011年12月	参加上海浦东国际金融学会2011年年会暨理事会议
2012年7月	出席上海新世纪信用评级公司20周年庆典活动并致辞
2012年8月	在上海柏年律师事务所与编委会人员等讨论审定《上海金融改革往事》一书
2012年11月	出席上海财经大学建校95周年暨金融学院校友联谊会，代表校、院老领导致辞
2013年3月	《上海金融改革往事》正式出版发行，参加《上海金融改革往事》出版座谈会
2014年12月	关注中央召开的经济工作会议，探讨中国经济发展新常态
2015年10月	党的十八届五中全会审议通过"十三五"规划建议，关注结构性改革的推进
2016年10月	庆祝人民币被正式纳入国际货币基金组织特别提款权（SDR）货币篮子

2017年10月	参加《上海金融改革往事》再版座谈会，并进行主题发言
2018年3月	出席上海浦东国际金融学会第六届换届大会
2018年5月	出席2018年度"中国金融学科终身成就奖"颁奖典礼暨中国金融学科发展论坛，为获奖者颁发证书和奖牌并致辞
2018年6月	出席第十届陆家嘴论坛，回忆上交所创建始末
2018年11月	接受《新华网》专访，回忆了上交所的创建
2020年8月30日	因病医治无效在上海逝世，享年93岁

致　谢

　　"申光计划"丛书由"申光计划"丛书编委会编，上海市教育发展基金会、上海工商界爱国建设特种基金会提供资助，由上海人民出版社、学林出版社出版。

　　上海市教育发展基金会于1993年正式成立，30年来始终秉持"支持教育、服务教育"的宗旨，牢记为党育人、为国育才的使命，积极凝聚社会各界力量，汇成襄助教育的不竭源泉，设立的系列人才培养计划、专项基金、资助项目等形成了诸多品牌，有力助推了上海各级各类教育事业的发展，受到了政府部门、社会各界的高度肯定和广泛好评。"申光计划"与上海市教育发展基金会之前已实施的"曙光""晨光""阳光""普光""星光"及"联盟"计划等品牌一脉相承，形成系列，同时通过独立运作，进一步深化公益服务内涵，提升基金会组织服务社会的功能。

　　成立于1992年的爱建特种基金会是我国改革开放后第一家民营企业——爱建公司的发起人股东，其首任理事长刘靖基曾任全国政协副主席，是老一辈民族工商业者的杰出代表。参与发起"申光计划"，对于爱建特种基金会来说，即发扬爱建"爱国建设"的光荣传统，做好新时期的社会公益工作。近年来，爱建特种基金会认真贯彻落实党的十八大、十九大和二十大精神，强化依法开展社会公益活动意识，大力弘扬慈善文化，进一步提升爱建特种基金会的品牌影响力。

本书在编辑出版过程中，得到以下专家学者（按姓氏笔画为序）的悉心指导和大力支持：

王伟、邢建榕、权衡、吴强、吴雪明、闵辉、沈飞德、洪民荣、徐昀昉、高渊、高德毅、熊月之等提供了很好的评审、修改意见；

王树滨、王海燕、王增藩、计琳、宋艳雯、卢铭德、刘念驹、李吉林、吴晗怡、吴默晗、余瑾芳、张田岚、张有斐、张利雄、张浩平、陆婧、陆佩珏、陈军、陈丽娜、赵家圭、胡廷楣、夏斌、曹畏、曹以楫、董少校等参与书稿的整理、补充和润色。

上海金融文化促进中心及计琳、沈文韬、徐汇、黄沂海、黄音、曹小夏等提供图片支持。

凌悦扬参与史料整理。

谨向以上单位和个人深表谢忱。

图书在版编目（CIP）数据

流金年代：龚浩成传／"申光计划"丛书编委会编；
范永进，沈惠民主编；黄沂海撰稿.--上海：学林出
版社，2023

（"申光计划"丛书）

ISBN 978-7-5486-1951-2

Ⅰ.①流… Ⅱ.①申… ②范… ③沈… ④黄… Ⅲ.
①龚浩成—传记 Ⅳ.①K825.31

中国版本图书馆CIP数据核字（2023）第140577号

责任编辑	尹利欣　李晓梅
封面设计	肖晋兴
内页装帧	居永刚　刘汉林
特约审校	陆海龙

"申光计划"丛书

流金年代 ——龚浩成传

"申光计划"丛书编委会 编

范永进、沈惠民 主编

黄沂海 撰稿

出　　版	学林出版社
	（201101　上海市闵行区号景路159弄C座）
发　　行	上海人民出版社发行中心
	（201101　上海市闵行区号景路159弄C座）
印　　刷	上海盛通时代印刷有限公司
开　　本	720×1000　1/16
印　　张	21
字　　数	22万
版　　次	2023年8月第1版
印　　次	2023年8月第1次印刷
ISBN 978-7-5486-1951-2 / F·73
定　　价	168.00元